近代日本の思想家
3

Katayama Sen
片山 潜

Sumiya Mikio
隅谷三喜男

東京大学出版会

Thinkers of Modern Japan 3
KATAYAMA SEN

Mikio SUMIYA
University of Tokyo Press, 2007
ISBN 978-4-13-014153-6

はしがき

片山潜をめぐる評価は大きく二つに割れている。一つは、言うまでもなく、片山を日本の労働運動および社会主義運動の創設者であり、もっともすぐれた指導者であったのみでなく、コミンテルンの執行委員会幹部会員として、世界の革命運動の輝ける星であった、とする評価である。それは戦前から日本共産党やその周辺にいた人たちの公式見解であっただけでなく、スターリン批判以後においても、基本的には変化をみていないようである。これに対してもう一つの評価は、少なくとも一九一四年にアメリカに亡命するまでの片山は、きわめて温和な社会民主主義者であり、帝国憲法の下で社会主義を実現しうると考えた改良主義者であって、決して革命的な社会主義者ではなかったし、労働運動や社会主義についても、かれをすぐれた創設者と認めることはできない、と主張するものである。松田道雄氏流にいえば、第一の見解は片山の「神話化」であり、日本での運動についていえば、かれはむしろ逃亡した「失格者」だ、というのである(松田道雄『日本知識人の思想』一九六五年、五一ページ)。実をいえばそのような評価が戦前から根強く存在していたことは、本書のなかでもふれたところである。

私はこのような二つの評価は、いずれも一面的ではないかと考えている。片山は自からも折にふれて述べているように、決して知識人＝「インテリ」ではなかった。かれはアメリカでマスター・オブ・アーツの学位をえて帰国したから、その点でいえば洋行帰りのインテリ中のインテリであったわけであるが、かれの発想と行動とは、まず思想があって、行動がこれと距離をおきながらついていく、というような日本のインテリとは異って、まず行動があり、つぎにも行動があり、そのあとに思想がついていく、農民出身らしい実践型のものであった。したがって、その理論は「格調においてはるかに低」く、当時のインテリ青年たちの間では必ずしも高い評価がえられなかった。その意味では、かれは正に社会運動の「失格者」だったのである。だが他面、かれほど労働者の間に信望をかちえたものは、明治期のリーダーのなかにはいなかった、といって過言でないであろう。かれは労働者の現実から離れて思考することは苦手だったのであり、それがまたかれを労働者と密着させたのである。

ところで、片山の「神話化」が生じたのには、片山自身にも一半の責任がある。というのは、かれ自身が「自伝」のなかで、自己の思想形成をかなり美化しているからである。かれは生涯のうちに四つ――モスクワで出たロシア語の「わが一生」を加えれば五つ――の自伝を書いた。本書では一九六〇年までに利用できた『自伝』と『自伝草稿』と「歩いてきた道」の三つを参照したが、その後、久しく幻の自伝といわれてきた『わが回想』が発見されて、一九六七年に日本で出版された。これらはその執筆された年代によって、社会主義思想の形成過程やキリスト教への評価などにかなりの違いがみられる。書かれた時点での片山の思想と姿勢とによって、自己の過去が評価しなおされ、書きなおされているのである。歴史とは——自伝もその一領域であるが——現在が投影された過去の姿である。その意味で、書かれた時点によって自伝の姿が異なるのは当然であるが、片山の場合には、どの自伝でも過去の自分が執筆時点から批判的に記されることが少なく、早くから社会主義者として自己を形成し、徐々ではあるが一直線にコミュニストに成長したかのように記されている。

したがって、本書の執筆に当っては、片山の自伝を参考にはしたが、できるだけそれぞれの時点での著書・論文によって、その時点でのかれの思想と行動とをとらえることに努めた。そのため日本のみならずアメリカにおける資料の蒐集にもつとめた。もっとも本書は元来「近代日本の思想家」という叢書の一冊として書かれたので、かれの伝記を出生から晩年まで正確に記述しようとするより、かれの思想の形成と行動の姿勢を明らかにすることを課題としている。

なお、片山潜の思想形成について、本書執筆後二冊の重要な著作が現われた。一つは前述した『わが回想』である。それまでに公刊された自伝は何れも、出生から明治三十年代はじめ労働運動に関係したころまでで記述が終っていたのに対し、『回想』はその後労働運動および社会主義運動の指導者として活躍し、失意のうちにアメリカに亡命し、かの地でコミュニストに脱皮していく過程を、詳しく記している。その点で片山の「自伝」としては必読のものといわれなければならない。とはいえ、この『回想』の出版によって本書の叙述を改訂する必要は認められなかった。もう一つは、Hyman Kublin, *Asian Revolutionary: The Life of Sen Katayama*, Princeton University Press, 1964.（辻野功・高井寿美子・鈴木則子訳『アジアの革命家・片山潜』一九七三年）である。カブリン教授の研究は、本書巻末の参考文献中にあげた一論文によってもその片鱗がうかがわれるが、内外の研究を広く見渡してみても、この著作は片山研究としてはとびぬけて丹念であり、出色のものである。アメリカにおける片山の勉学から亡命中の活動まで、われわれが入手困難な資料をよく蒐集し、整理しているだけでなく、片山の故郷や家庭についても行届いた調査がなされている。もっとも片山の思想形成に必要なかぎりのものは、私も本書執筆時点で利用したことは、巻末の著作目録を見ていただければ明らかだと思う。また本書ではふれなかったソ聯に渡ってからのコミンテルンを中心とする活動に対しても、目くばりのきいた観察をしている。ただ観察がこまかくなればなるだけ、思わぬ誤解や記憶の誤りと思われるものが散見するのは、この書物が権威あるだけに残念であり、訳者がその点の補正まで配慮していないことが惜しまれる。

以上のような事情で、本書出版後十数年を経過したわけであるが、その間の研究の発展によって内容をとくに増補したり、改訂したりする必要を認めなかったので、このはしがきを記すことと、巻末の著作目録および参考文献を二、三増補しただけで、UP選書に収めることとした。

一九七七年四月

著　者

目次

第一章　社会的キリスト教への開眼

一　貧乏・学問・成功

一八八四年（明治一七年）一一月末、片山潜は、香港―サンフランシスコ航路の一汽船に、下等船客の一人として身を投じた。太平洋に出るにつれ、波濤が高く、船がゆれるので、蚕《かいこ》のように釣棚の中に寝ていた。片山の所持品といえば、友人からもらった古い乗馬服と、大福帳のように綴った英和辞典一冊と自分の作った文章と硯《すずり》と筆、それにこれらを入れるズックのカバン一個、これだけであった。もともと無一物で、友人に寄食して、かろうじて生活していた極貧の漢学生片山が、どうして渡米するに至ったかという事情を、後年かれはこう記している。

「余は其節無一物の貧生なりき。如何なる原因が余をして渡米を思ひ立たしめしや。曰く、明らさまに云へば二つあり。一は余は明治十四年の夏東京に出で、或は活版屋の車廻しとなり、文撰の小僧となり、種々艱難の末、岡鹿門先生の漢学塾に入り、塾僕となり漢籍を学ぶ。二年後野州藤岡の森欧村先生の許に同じく漢書を学ぶも、愚鈍にして詩文を以ては生活の道を立つる能はず、進退実に究するの餘此に出でたると、其二は、数月前に渡米せし学友岩崎清吉なる人が、桑港の状況を報じて、『米国は貧書生も学問の出来る国なり』と云ふ一信是なりとす」(片山『渡米案内』五七頁)。

青年片山がひどく貧乏であったこと、にもかかわらず、学問で身を立てようとしたこと、その相矛盾する問題をいっきょに打開する途が渡米であったことが、これによって知られるであろう。

片山は一八五九年(安政六年)一二月に、岡山県粂郡羽出木村(現在の久米郡久米南町字羽出木)の庄屋藪木葭三郎の孫として生まれ、幼名を菅太郎といった。入聟であった父国平はかれが三歳の時、生木をさくように離縁させられてしまったので、その後はもっぱらしっかり者の母の手で育てられた。* 父はその後、人生の無常を感じて僧侶となり、二男坊であるため将来の見透しのない菅太郎をも僧侶にしようとしたが、この勧めには従わなかった。かれの生家はけっして貧しくはなかったが、母は二人の子をつれて分家し、長男である兄は政治や女のためにかなりの浪費をしたようである。しかもかれは農家の二男として、自分の将来を自ら開拓しなければならなかった。かれは青年時代郷里に二人の親しい友人をもっていたが、かれらの人生と対比して自分の歩かねばならなかった途を、こう記している。

「私が青年時代のこのふたりの友人とは異なる生涯を送るようになつたのも、まつたく自然なことである。なぜなら、彼らふたりは一家の長男であつて、家の財産と職業を相続した。しかし私は次男で、家からはなにももらうことができず、独立で生活の道を切りひらかねばならなかつたのである。

つよい友情のきずなが三人を結びつけていたころでさえ、私は家の次男であるため、ほかの二人と対等の立場で交際することができなかつた。私は家の次男で、家の主《あるじ》ではなかつたのだ。気まずさと、境遇のちがいからくる差別感とが私をはなれず、そのために私はいつも、ふたりに幾分ひけめを感じていた」（片山「歩いてきた道」『片山潜著作集』第一巻四六頁）。

かれは、十三、四歳となって、ようやく自我に目覚めはじめたころ、自分の上におおいかぶさっているこのような家族制度の桎梏を、学問によって打開していこうと決心するに至った。

このような決心の直接の契機となったのは、一八七二年（明治五年）かれが十三歳の時、村に小学校ができて、義理でこれに百日ほど入学した経験であった。かれはこの小学校生活を「所謂人間として独立心の起つた時期であつた。それだから予の生涯に於ける第一革命が行はれた」（『自伝』岩波版六〇頁）のだとして、次のように述べている。自分は子供の時から漢学の素読をやらされたが、ちょっと覚えてもすぐ忘れた。これは自分が他の子供に比べて抽象的知識の発育がおそく、またその能力が不足していたこともあるが、一方から見れば当時の教育制度に欠陥があったからで、そのため学問というものが好きになれなかった。ところが、小学校では「習ふ事柄も教育の方法も全く新規で」、「教はる事は皆よくわかつて、そして此の分ると云ふ事は非常に面白味を与へた」（同上、五八頁）。こうして小学校で学問に対して興味をもつようになり、しかもいっそう重要なことは「人並に学問の出来ると云ふことを自覚した」（同上、六四頁）ことである。そうすると急に勉強がしてみたくなったが、その時はも早、家の事情がそれを許さなかった。かれはそれから数年間百姓として自分をきたえねばならなかった。

だが、一度目覚めた「独立心」は、かれをいつまでも山村の百姓に止めてはおかなかった。向学の志はやみがたいものがあったが、その障害もまた都会と交渉の少ない山村の青年には、はかり知りがたいものがあり、事実「百姓の身を以て学問を以つて身を立てんと決心するは随分大胆」(同上、六九頁)であった。一八七七年(明治一〇年)の正月、かれはこの大胆な決心をあえてしたのである。その時のことをかれはこう記している。雪の降ってきた朝、いつものように自分で焼いた十七、八貫の炭を負い、大戸まで五十丁の道をくると、激しい雪で荷はさらに重くなり、山田方谷の塾のところまでくると肩がちぎれそうにいたかった。塾の中からは、学生の読書と談笑の声が大きく聞こえてきた。その時、かれは一つの決心をしたのである。「こんな苦痛を忍ぶつもりで学問をしたならば、学問も上達できよう。そして予は此の種の苦痛を嘗めても学問を為る方が炭焼をしたり、駄賃持を為るより屹度愉快であるに違ひない。予は断然学問を為る。学問で身を立てることにすると斯く独り決心した。それから、学問の為めにはこれ以上の苦難をも決して辞せない、必ず成功して見せると思ふて確と決心した」(同上、七〇頁)。

このようなエピソードをあえて記したのは、ここにかれの処世観を特色づけているものが赤裸々に語られているからである。第一は忍耐・努力主義である。忍耐は日本の農民が身につけた処世訓であった。「野良仕事は私に忍耐を教へ、困難にであつたとき、私を助けた」(「歩いてきた途」同上三九頁)。また農民は保守的である。思いきったことができないから、一面から見れば臆病である。「臆病である故に少しは苦痛でも現状に満足する。これは予に非常なる忍耐力を与へた。従つて臆病性は一変して忍耐性となり、如何なる困難に遭遇しても挫折せぬ様になつた」(『自伝』七二頁)。しかも片山の場合には、この受身の忍耐に対する自信が、ここで一変して「一種の勇気を生じて」積極的な努力主義と結びついた。学問に志した片山は、その年の秋からまる二年小学校の助教をやり、その翌年、貸費生として岡山師範学校に入学したが、「在学中なかなか勉強家で」(同上、八三頁)、あまり勉強した結果一度は鳥目にさえなった。こうした社会的経験のなかから、「人の為すことは決して出来ないことはないとの確信」(同上、八四頁)をもつようになった。

片山の処世観の第二の特色は、特色というより明治の一般的風潮であったが、学問に志したのは、繰り返し述べられているように「身を立てる」ためであった。かれが小学校教師では満足できなくなり、病身の母を身持ちの悪い兄に托して、「東京に出たい」と決心するに至ったのも、「是非とも相当な者になつて見たかつた」からであり、これ以外に「立身の道はなかつた」(同上、八四頁)からである。

「愛する母や友人たちと別れて、故郷の村を去り、他郷を放浪することになつた原因はなんだつたのか?

村では、私には物質的基盤も、将来の見透しもまつたくない。私は独力で自分の道をきりひらかねばならないと悟つた。上京して苦学する以外に途はなかつた。苦学する。これだけが農家の次男といふ情ない境遇から私を救ひ出せるのだ」（『歩いてきた途』同上、五一頁）。

農民らしく鈍重だが、どんな困難にも耐えぬく忍耐主義と、明治の青年らしく学問によって身を立てようとする出世主義——これが貧乏書生片山を支えた二本の柱であった。

ところで上京した片山は、活版所の車廻しや文撰の小僧をしたり、漢学塾の塾僕となって、「僕は西洋の学問、文明の教育を受ける希望を以て出京したのではなかつたか」（『自伝草稿』）と煩悶しながらも、「何でも勉強が出来ればいい」と考え、「東京に出た甲斐があつた。此れからは好きな勉強が出来る」（同上）と喜びもした。立身の大志はありながら、貧乏のためにその望は抑圧されがちであった。貧乏の解決は、その後かれの一生の問題となったが、この場合には、貧乏書生としての片山は、貧乏のために鬱積した青年の意気を、濁世を憤る慷慨の志に屈折させていった。

「僕は岡先生の維新革命史編輯を助けたから、血気旺盛なる青年として維新の革命に参与した人々の歴史を喜んで読んだ。又私淑した。従つて時勢外れの悲憤慷慨の士を気取るようになつた。加之、僕は熱心なる勤王家になつた」(『自伝草稿』)。

青年の純粋さと、立身の大志と、思うに任せぬ焦燥とが渦巻いて、議論をすると世を慨し、不正を憤ること甚だしく、また激しやすかった。

片山は師の岡鹿門の同門で、親友岩崎清吉の郷里、野州藤岡で漢学塾を開いていた森欧村のもとで、塾の幹事として一八八三年(明治一六年)秋から一年、村童に漢籍を教えたりしたが、それによって身を立てる希望ももてなかった。漢学はすでに過去のものであったうえに、そのなかで群をぬくだけの才能もなかった。そのころ、農家の二、三男の間に、また書生の間に、あるいは出稼ぎのため、あるいは勉強のため、渡米するものが次第に増加しつつあった。親友岩崎清吉(のち清七と改名)と「前途立身のことなど話し合ひ、漢学許りでは、国運の進歩に伴ふ学問として完全なものでない」(岩崎「伯林に在て旧友片山潜に寄せて懐を述ぶ」)と考えていた片山の念頭に、アメリカへの遊学が新しい血路として浮び出し、それが岩崎の渡米によって一層拍車をかけられたことは、『自伝』の叙述からも知ることができる。

その時、在米の岩崎から手紙が来、「米国は貧乏でも勉強の出来る所だ」という吉報がもたらされた。片山はここに新しい活路を見出した。貧乏と学問と成功、この三つは渡米によっていっきょに解決されるのではないか。年歯すでに二十五歳の片山は、新しい人生の出発点に立った。

＊片山の生い立ちや渡米に至るまでの詳細な経緯については、かれの自伝を参照されたい。自伝は三種類あり、最も普及しているのは大正一一年改造社から出版され、戦後岩波書店から刊行されているものである。第二は本文中に『自伝草稿』と記したもので、前者の草稿と見られ、『前衛』一九五九年臨時増刊号（一六一号）に掲載されている。第三は片山の生誕七〇年を記念して、一九三〇年から三一年にかけ『オクチャーブリ』誌に連載された「歩いてきた道」で、『片山潜著作集』第一巻に訳載されている。いずれも一八九七年ころまでの叙述で終っているが、この三者の関係については、大原慧「片山潜の三種の『自伝』について」（『労働運動史研究』一九五九年一一月号）を見られたい。

二　在米十三年

「アメリカは貧乏でも勉強できる所」といっても、貧乏と勉強とはそう容易に結びつきうるものではなかった。「余始めは金を儲けて然る後勉学に従事せんと望みしも、三ケ年間の後学校に入りたり。爾後十年間仕事をなしつつ勉学をなし、二年半中学に、三年間大学に在りて卒業し、三年間神学校に学び、其夏季休暇は労働をなして銭を作る」(『渡米案内』六二―三頁)という生活であった。片山の在米生活は貧乏と学問の相剋の連続であった。

上陸して「一、二週間の間、日々慶庵即ち雇人口入所に行き、腰を掛けて働口を得んとせり。然るに余は英語が出来ざる故に幾日立つも更に余を雇ふ者なし。殆んど二週間計り雇人口入所に待ち居たるに、其主人は余が唖の如く毎日々々に働口を得んとして待つを不憫に思ひ、一の位置を与えたり」(同上、五八頁)。その仕事は渡米者の多くが最初に従事するハウスウァーク、すなわち、家事労働であった。朝は早く起きて直ちに火を焚きつけ、門廻りをひと掃除し、料理人の手伝いをし、それから家内の者が寝室を起つのを見てその窓をあけ、各室を片づけ、これ等の用が終ると朝食の手伝いをする。朝食が終ると皿や鍋を洗い、台所を掃除し、窓の硝子をふき、室内の掃除をすると十時頃になる。それから夕食の準備まで臨時の用を命ぜられるが、その間に二時間位の暇がある。夕食の手伝をし、食事を終えて跡片づけをし、台所を掃除すれば、これで仕事は終るわけで、あとは勉強しようとすればする時間がある。かれがはじめて住みこんだ家は、主婦と少女と女中の三人家族で、一週二ドル五〇セントであった。

その後転々と職場をかえて、サンフランシスコの下町や、郊外のサンラファエルやポノマなどで働いた。ポノマの宿屋に雇われた時は、「大枚二〇ドルの月給を取りながら、そんなにぐずぐずしていては駄目だ」と口汚くののしられ、耐え得られない思いをしながら汗を流して頑張りもした。それからサンフランシスコ対岸のアラメダでコックの仕事をみつけ、「馴れない手附きでコックの稽古を始めた」（『自伝』一四二頁）。ここで一年の月日が流れていったが、この間に中国ミッションの夜学校に入り英語の勉強を始め、また「日曜日に教会に行く機会を得、遂に耶蘇信者となるを得た」（『渡米案内』六二頁）。

生活に追われて激しい労働をしている時にも、渡米の目的である学問を忘れたわけではなかった。ポノマでは「普通の日でも起床が五時、夜の仕事を終へてベッドへ下がるのが十時、寝るのは僅々七時間であつて、それでもナショナルリーダーの第四巻を読まんとして、字引と首引きした」（『自伝』一三九頁）のであるが、はげしい労働のあとのことゆえ、一向に進歩しなかった。英語の手ほどきをうけたのは、アラメダの中国ミッションの夜学校であったが、「グッドモーニングの程度であつた」（『自伝』一四三頁）。そうこうするうちに英語も少しはわかるようになり、はげしい労働で貯金も多少はできてくると、勉強がしたくて矢も楯もたまらなくなり、教会の牧師の紹介で、アラメダの隣りのオークランドの大学予備校ホプキンス・アカデミーに入学した。時に一八八七年一月、渡米後満二年でようやく望の第一歩を達したのであった。片山はここで英文典、修辞学、代数、ギリシャ語およびラテン語を同時に始めた。ずいぶん乱暴な話であるが、身体も丈夫だったので、知識欲にもえ、「一意学問に従事した」（『自伝』一四五頁）。

一年間の学生生活で、コックとして働きながら勉強することに多少の自信もできたので、東部に行って年来の希望であった大学に入ろうと志し、一八八八年春、夜学校の教師であったホイト嬢の紹介状をもって、テネッシー州メリーヴィルに向った。メリーヴィル大学は北部の有志家が「黒人と貧白人のために」設立した大学で、「学科の程度は高からず、先づ北米にて第三、四流の大学」（『渡米案内』七四頁）ではあったが、それは後からわかったことで、ともかく大学であった。ここで一年を送ってみると、「全校の教授及学生等が黒人の生徒を取扱ふのに不公平なこと」に不快を感じもしたが、それより「学科の程度が高からず、又労働の少いが為め始終生活に困難を感じた」（『自伝』一五三頁）。

そこで片山は翌一八八九年夏、歴史学のパーカー教授の教えをうけたい希望もあって、アイオワ州グリンネルのアイオワ大学に移り、働きながら三年間の大学生活をここで送った。そのころ、憲法が発布され、帝国議会が開かれ、新しい風が吹き始めた日本からの便りを聞き、その日本でかれの帰国を待ちわびている老いた母のことを思うと、帰心矢のごときものがあり、無理をして学業を急いだ。四年制の大学を一年とばして三年で卒業したのもそのためであった。大学では古典のコースをとったから、ギリシャ、ラテン語に大部分の時間を使ったが、歴史には興味があったので、これにも時間をさき、とくにドイツ史を勉強した。ここでも相変らずの苦学であった。

「大学科の三学年は学年中非常に重要な課目にして学生が最も力を入れて勉強する所なり。余も亦冬季丈けは労働時間を減じて専ら力を勤《ママ》学に注がんと少しの金を友人より得る筈にせり。然るに手違ひの為め少しく困難をなせり。余は此冬中室内に火なくして勤学せり。アイオワ大学は北米中州の広原にあり、冬季は寒暖計常に零度以下を上下す。而して北風常に吹雪を飛ばし積雪は通路を塞く。余は斯る寒中に室内のストーヴに火か焼《ママ》かずして毎夜必ず十時迄は研学怠らざりき。余は斯く数ケ月間実に苦学せり」（『渡米案内』八一―二頁）。

かれはこの境遇とここで鍛練せられた気性および意志は、その後もいよいよ堅全なるを感ずるとして、「帰後幾多の困難、失望、失敗と逆境に立つを得るは、抑も斯冬をアイオワ大学に送りたるが故なるを」（同上、八二頁）感謝する、と附記している。

無一文で、見ず知らずの外国にあって勉強しようとするものに必要なのは、忍耐と努力であった。これが在米十三年のかれの生活信条であった。渡米して間もなく、一週三ドルの働き口を見つけて三日目に、熱病にかかって生死覚束ない有様となり、その職を辞してまた路頭に迷い、極度の困難を経験した。その時、かれはもう一度忍耐の処世訓を確認して、こう記している。「爾後は充分成算なくば如何に困難なる働き口もさるべからず、如何に仕事が六ケ敷も主人が不親切なるも残酷なるも、自己生活の成算なくば断じて現在の地位を捨てるべからず」(『渡米案内』五九頁)。この経験はかれに重ねて忍耐の必要を教え、在米十三年は「只此忍耐の在る有りしが為めに自ら立てし方針を遂行するを得た」(同上、六〇頁)のである。

このようなアメリカの生活のなかで、片山は新たに二つのものを得た。その第一は前にふれたキリスト教の信仰であり、第二は社会問題への関心であった。キリスト教信仰についていえば、前述した死ぬ目にあった時、「僕は国を出てから始めて祈つた。氏神様も余り遠方だから僕の祈りを聞いて呉れないだらうと思つて、米国に居る神様、耶蘇の神様に祈つて、命を助けて呉れと願つた」(『自伝草稿』)。片山の信仰は日本人の伝統的な守護神信仰であった。それが本格的にキリスト教信仰に入っていったのは、アラメダにおいてである。「アラメダの生活に於て、予の一身の方針に向つて、多大の影響を及ぼしたことが一つある。それは予にとつて、今も強い記憶を残す耶蘇教の生活がそれである」*(『自伝』一四二頁)。もっとも片山の信仰生活には、多少実利的な計算が入っていたように見える。かれはアラメダの第一組合教会に属したが、この点について、「組合には学校が多くあり、組合派に属する学者も多かつたから」（同上、一四四頁）、苦学するうえに何かと便宜があると考えたようである。ともあれ、かれは忠実な信者で、グリンネルでも「毎日曜日三ケ年間教会に通つた」（同上、一五六頁）のみならず、その後さらに進んで神学校に入ったのである。

社会問題への関心は一八八九年、未だメリーヴィル大学にいたころから持つようになったようである。それは一八七〇年代から次第にさわがしくなったアメリカの社会問題を背景として、一つには片山自身の境遇が貧困の問題に注目せしめたわけであるが、とくに当時ようやくアメリカ社会の大問題となるに至った労働問題を契機としていた。すなわち、一八九一年にはカーネギー製鉄所の同盟罷工がおこり、数万の人々が飢餓に瀕し、さらに九四年にはプルマン汽車会社の大罷業が発生し、「米国社会に一大恐慌を与へ、殆んど内乱を醸生せんとする危機一髪の間に迫」（片山「日本に於ける社会学講究の必要」『国民之友』明治三〇年五月）るという状態であった。このような状況のもとで勉学した片山は、「資本家の残虐、労働者の忍苦を見て、少くとも前者の反対者として、後者に同情を表せざるを得」（同上）なかったが、かれは「是非の裁判を与ふる」前に、科学的に「社会全体の上より着眼し、いかにせば之を調和融合せしむべきか」を明らかにしようとしたのである。

だが、かれは立身の途を求めて渡米したのであり、そのためにあらゆる困難にも耐えてきたのである。そのかれをして社会問題に目を向けしめたより重要な原因は、かれのキリスト教信仰であったといわねばならない。かれの信仰については後述するが、かれが直接社会問題について啓発されたのは、宗教雑誌「クリスチャン・ユニオン」であり、とりわけ、それにのるイリー教授の論文であった。そのイリー教授は、かれがグリンネル大学に入学した年の末に、"Social Aspect of Christianity"《キリスト教の社会的側面》と題する一書を著した。それは社会問題をキリスト教の立場から論じたものであるが、かれは読んで非常に面白く感じた。片山はこの本の大要をこう紹介している。

「方今の社会は皮相的の華美に流れ文明の良果為めに埋没せらるゝを論じ、古来の神学、宗教は皆道徳の空想に流れ、或は有神、寓中等の理想論を以て自ら喜び、社会の観念は殆んど其脳裡を去りたるを以て、神学と社会学とは、相依り、相輔けて真正の宗教を説かざる可らずと切言し、猶終りに、道徳と慈善の関係を説けり。当時社会を感動振起したる者蓋此書に及ぶ者あらざりしならん」（片山「米国に於ける社会学の進歩」『六合雑誌』明治二九年五月号）。

片山自身の記すところによれば、グリンネルの四年生の時、「応用経済の一科として社会主義を一期間研究し」、そのとき参考書として読んだ『アトランチック・マンスリー』所載のフェルディナンド・ラサールの伝記に惹きつけられて「社会主義者になつた」（『自伝』一七六頁）。もっとも、かれがいかなる意味の社会主義者であったかについては、後に考察するであろう。

片山は卒業年度に故郷でかれを待ちわびていた母の死の知らせをうけた。母のいない日本には急いで帰る必要もなくなった。そのころかれは、「耶蘇教のために働か」うとし、「基督教的社会事業に従事せんことを期望」（片山「社会主義鄙見」『社会新聞』明四〇・九・八）していたので、イリーが提唱した神学と社会学を統一した真正の宗教を、もっと深く勉強してみたいと考え、ボストン郊外のアンドーヴァ神学校に入学した。

「抑も余が特にアンドヴルを撰びたる所以は他なし。北米の大学若くは神学校中にて当時の時勢に鑑みて社会学研究科を設けたるは、アンドヴルを以て嚆矢となす**。而して其担任教授はタカー氏にして、博士は実に社会問題は重要なる研究問題なりと北米の学者社会に唱導せし一人なり」（『渡米案内』八三頁）。

アンドーヴァ以外では社会学の研究ができないというのではなく、キリスト教と社会学との統一にはここが最適と考えられたのである。もっとも片山はここに二年しか在学しなかった。一つには講義を聞きたいと思ったタッカー教授が、一八九三年にダートマス大学の学長になって去ってしまったのと、もう一つは恐らく、当時アンドーヴァは卒業生に学位を出していなかったので、錦を衣て故郷に帰るには、名の知れた大学の学位を得たかったのではないか、と思われる。九四年夏イギリス見学旅行から帰ると、神学校の最後の一年をエール大学で送った。当時エールはアメリカの最も有力な大学であり、片山が誇らしげに記しているように「伊藤博文及鳩山和夫の諸氏に学位を与へ、山川健次郎氏を教育せし」(『渡米案内』七〇頁)学校であった。ここでかれは主として欧米都市問題について勉強し、神学士の称号を得て日本に帰ってきたのである。

帰国後の活動に移るに先立って、その背景となるかれが在米中に得た思想について、次に一わたり見ておこう。

* 『渡米案内』中の自伝的叙述を含めて、四種の自伝において、キリスト教への入信は、それぞれ違ったニュアンスで取りあつかわれている。三四年に書かれた『渡米案内』では、「耶蘇信徒となるを得

たり」として、むしろ感謝しているのが、『草稿』では「耶蘇の教会にも行き、又信徒となつた」と客観的に記し、『自伝』では「天の一角に耶蘇を発見したのもアラメダである」と言い、「予は耶蘇教徒になつても熱したこともなく、冷めたこともなかつた。最初から予は耶蘇を神と思はなかつた」と、かなり批判的な叙述をしているうえ、どうしたことかアンドーヴァ神学校時代のことを脱落させている。一九三〇年の「歩いてきた道」になると、同じアラメダの叙述が「またここで、と私には思へるのだが、宗教へのうたがいがはじめて生れた」と一変し、「私は宗教の中に苦しい労働、餓えの慰めを得やうとしていたのである」と説明している。自伝を史料として使うには、それが書かれた時の思想と状況をふまえておかなければならない。

** 『草稿』の叙述もほぼ同様であり、「歩いてきた途」では「当時アメリカで社会問題を研究していたのはホプキンス大学〔ジョンス・ホプキンスのこと〕だけであつた。私の入学する一年まえ、アンドーヴァー神学校にもこの授業課目が新設され」（一〇一頁）たと記されているが、いずれも不正確である。九一年までに、エール、ミシガン、ハーバード等数大学に社会学のコースはおかれており、タッカーがアンドーヴァで社会問題を講義したのは、八〇年代のはじめからである。これらの事情については、たとえば、James Dombrowski, The Early Days of Christian Socialism in America, 1936. とくに Chap. I. と Chap. V. 参照。

三　社会的キリスト教

アメリカにおける社会的キリスト教の成立には、二つの大きな要因が存した。一つは当時キリスト教会が次第に中産階級の教会となるとともに、教会は個人の魂の救いだけを問題として、社会に対して無関心になっていった反面、十九世紀の後半に入って労資の対立、貧富の懸隔の拡大等を中心として、アメリカにおいても社会問題がようやく深刻になってきた状況のもとで、この重大問題に関心を寄せないキリスト教は隣人愛の教えをどこに見捨ててしまったのか、という反省と批判であり、もう一つは、十九世紀の科学の発展の前に立って、これとどう対決するかという問題に直面し、他方で歴史科学的な方法による聖書研究の発達に伴って、そのよって立つ聖書の無謬説が崩れ去ってしまったキリスト教会が当面していた、新しい神学建設の要請である。この二つの視点が結びつくことによって、十九世紀八〇年代以降アメリカの神学校を中心に社会的キリスト教と呼ばれる運動が生じたのであり、九〇年代の初めになると、少からぬ神学校に社会学の講座が設けられて、これと取りくんだが、片山の学んだアンドーヴァはその点で先駆的な神学校であった。*

社会的キリスト教と呼ばれる動きには、明確な統一した神学が存在したわけではない。だが、上述のような状況に応えるものとして、いくつかの重要な共通点を指摘することができる。第一は旧神学が神の超越性を説いたのに対し、社会的キリスト教は神の内在性を強調した。十九世紀後半の知識階級は深く進化論に影響されていたが、それは神による創造や終末の信仰を後退させ、むしろ進化の中に神の内在を認めようとした。このような思想は当然に世俗的世界と宗教的世界との区別を取りはらい、したがって宗教は直接世俗的世界にかかわるものとなり、宗教の目標がこの地上におけるよき生活の実現、「神の国」の実現におかれることとなり、したがって、信仰ではなく倫理こそが最大の問題となった。第二は旧い罪人としての人間観の否定である。人間の性の善なることと、完全に到達する可能性を信じた啓蒙主義思想が、十字架の贖いによらねば救われないとするキリスト教の伝統的信仰にとって代り、人間の不完全さや欠陥は、理性の光に照し出されたとき容易に改善されうるものとして、社会的矛盾にその責任を解消させていった。第三に、罪の責任が個人でなく社会に帰せられたゆえに、従来の意味における贖罪の信仰は無意味となった。神の子である人間が悪を働くのは社会に問題があるからであり、したがって、犯罪者は社会病理学の患者にすぎないのである。こうしてキリストの贖罪の信仰は否定されたとはいえ、隣人に対する自由な奉仕のシンボルとして、キリストの十字架の意義は依然として強調され、キリストの愛が強調されたのである。

このような神学が、「米国に在ること十教年、且最も進みたる神学校に入りて修学し、略ボ神学の大体に通ずるを得た」（片山「英国基督教の実況」『福音新報』明二九・七・三一）片山の信仰の背後にあったことは断言して誤りない。片山は神学自体についてはほとんど発言していないが、かれが帰国直後書いた諸論文の中に、断片的に記されている所によってこれを知ることができる。すなわち、人間は本来「神の子」であり、「神の国」の国民である。キリストはこれを明らかにし、「人類の進歩の限りなきを示し」（片山「基督教主義」『基督教新聞』明三〇・四・九）た。信徒は「基督の論ぜられたる如く、日々十字架を負ふて立ち、基督の心を以て心とす」（片山「教会の同情」『基督教新聞』明三一・九・九）べきである。ところで、この「基督の十字架」は「社会の罪を担ふて立つ」ことを意味し、「社会の害悪を悪み、神の模形《イメージ》たる、神の子たる乏しき人類に同情を表」（同上）すことにほかならない。それゆえ、後年かれが『自伝』のなかで、「アンドヴァー神学校に学んだときには聖書を八ッ裂きにして〔この表現は適切でない。韋編三絶というわけである〕研究もしたが、耶蘇に対して変つた感情も持たなかつた。最初から予は耶蘇を神と思はなかつたからでもあらう。しかし耶蘇の生涯は予に幾多の感激と力を与へてゐる」（一四四頁）と記しているのは、社会的キリスト教神学の客観的な表明であって、キリスト教に対し批判的になってからの発言とのみ見ることはできない。ともあれ、片山がキリスト教信仰の中で強調したのは、「全人類を同胞とする主義」・「四海皆兄弟主義」・「ヒューマニチーの大道」であり、その実践としての社会改良であり、貧民救済、資本と労働の調和であった。

もっとも、片山のキリスト教信仰を理解するためには、さらにイギリスにおける見聞を考慮の中に入れなければならない。かれは帰国後まもなく『福音新報』に書いた「英国基督教の実況」（明二九・七・三一、八・一）の中で、こう記している。

「予の初め神学校にあるや又密かに思へり。凡そ伝道せむとせば完全にして組織の整美したる神学に宗教を包みて与へざるべからず、と。然れども英国教界の現在に於て其見解の甚だ誤たりしを発見しにき。

英国教会の現状は、説教家たるもの神学上の理屈を陳べて理論上より之を解決せず、所謂聖霊に満たされたる平庸なる説教を以て、世事の間に入りて基督の愛を与へ、聴衆は之を受けて救の裡に楽み、且つ平和なる心を以て散ずるなり。」

このような見聞から、理性の生み出した神学に生きた宗教の基礎をおこうとするのは、「活物の根底を死物の上に置かんとす」るもので、「頗る危険」であり、また「実に愚策」である、という重要な結論に達する。こうしてかれは一方で新神学の影響を深く受けながら、神学より信仰が基底であると考え、「神と直接するの感覚を有せしめ、心の平穏を与へ」る、教会の生活を重んずる信仰を尊ぶようになった。後年、日本のキリスト教社会主義者がほとんど信仰的には異端であったなかで、片山が「教会の正統な信者」（木下尚江『神・人間・自由』四頁）、「オルソドックスの基督教徒」（幸徳秋水「社会主義史について」石川旭山『日本社会主義史』）と呼ばれたのは、けっしてゆえなしとしないのである。

片山はこのような信仰のありかたを、イギリスの社会事業を観察することによって、一層強く印象づけられた。というのは、イギリスでは、「教会堂は世の心霊上、及肉体上の不具者の為に建設せられたりと云へる考」が盛んで、教会において「社会上の事業は着々解釈せられ」ており、社会事業のごときも、神学の理論から生まれ出たものではなく、「只基督の愛と云へる一の実際上の霊的動作に過ぎ」（「英国基督教の実況」）ない、という事実を見たからである。

ところで、信仰の社会的側面が強調された当然の結果として、神学校においては神学と並んで社会問題の研究が強調された。片山が感激して読んだ“Social Aspect of Christianity”のなかで、イリーは神を愛せよという第一の誡めは神学を生み出し、隣人を愛せよという第二の誡めは「丹念に追求していけば社会科学あるいは社会学になる」といい、神学生は半分の時間を社会学の研究に費すべきであり、神学校は社会学研究の中心になるべきだ、とさえ述べている。それゆえ、片山が「予は十一年間米国に留学したり、而して終の四、五年間は、専ら力を社会学の研究に尽し、親しく之を教授博士タカ氏及博士ハリス氏に学び、又好むで自ら社会問題を考査せり」（片山『英国今日之社会』著作集第一巻一二五頁）という場合、「専ら」は修飾として強すぎるが、社会学研究が決して片手間の勉強でなかったことは事実である。それならば、かれが学んだ社会学とはいかなるものであったろうか。

十九世紀後半におけるアメリカの社会問題は、第一は貧困問題であり、第二は労働問題であった。資本主義の発展にもかかわらず、貧困の問題は消滅するどころか、ますます深刻な現実であることが、今や蔽うべくもなく明らかになってきた。片山と同じころハートフォード神学校で勉強していた安部磯雄が、ニューヨークの社会事業を見学し、それが年々盛大になってきているのを見て、逆に「社会事業によつて社会の貧乏を根絶するといふことは永久に不可能なことではないか」（安部『社会主義者となるまで』二〇一頁）と考えるに至ったように、タッカーらは貧困の原因は、教会が伝統的に考えてきたように貧乏人個人にあるのではなく、社会構造の中にこそある、と考えるようになった。したがって、まず第一に、貧困を生み出している社会構造そのものを、徹底的に究明すること、それが社会学の基本的課題であった。次に、社会的活動によって、貧困を生み出している社会的条件を改革していくこと、これが社会改良と呼ばれるものであり、社会的統一、社会的平等、社会的正義を基準として、その実現をはからねばならない。このような改良手段としては、公共事業の市有、利潤分配、累進税、労働保護法等が考えられていた。

第二の労働問題もまた深刻な問題を投げかけていた。労働者の自覚が高まり、ナイツ・オブ・レーバーを中心とする労働運動が盛大になるにつれ、労資の対立が激化し、争議はしばしば悲惨な事態をひき起した。今や問題は教会の伝統であった慈善によっては如何ともし難く、社会的正義の実現こそが解決の唯一の途と考えられた。タッカーらはこのような見地から、団結や争議を労働者の正当な権利と認め、労働運動に対してきわめて同情的な見解をもっていたのである。

タッカーはこのような社会改良事業の一つとして、また神学生を訓練する機関として、一八九二年一月、ボストンの貧民街にアンドーヴァ・ハウスなるセツルメントを開設した。これはいうまでもなく、ロンドンのイースト・エンドにおけるトインビー・ホールに倣ったものであり、それに神学的・社会学的な裏づけを与えようとするものであった。

片山がアンドーヴァにおいて学んだ社会的認識・社会学はほぼ以上のごときものであった。学ぶにつれ、かれは一度社会問題の本場であるイギリスを「実地に研究」（『自伝草稿』）したいと考え、労働をして金をため、九四年の春の学期が終ると同時に、夏季休暇を利用して一友人と三ヵ月のイギリス旅行に発った。リバプールに上陸し、「ロンドンに二週間滞在し」、その後ハルを経てエディンバラに行き、グラスゴー、マンチェスターに立ち寄り、リバプールからボストンに帰った。片山はこれらの都市がどのような社会問題をもち、それをどう解決しようとしているかを中心に見学したのであるが、とくにロンドンでは、「大学の人士貧民間に居住して之と苦楽を共にし其受けし処の高等教育の趣味を分与して之を味はしむる」（片山『英国今日之社会』著作集第一巻一四五頁）ユニバーシティ・セツルメントとして、イーストエンドに建てられたトインビー・ホールのベリアル・ハウスに止宿して、救世軍の社会事業、監獄懲治監・感化院、貧長屋労働者、ユニバーシティ・セツルメント及び独立政党の四つについて、研究観察した。救世軍の事業については、それまで「陳腐極まれる神学の原理を基礎として社会事業を解釈せむとするもの」（前掲「英国基督教の実況」）との見解から軽侮していたが、「非常の忍苦と勇気とを以て実際上に於て社会問題を解釈しつつある」（『英国今日之社会』一四七頁）実情を見て、その認識を改めざるをえなかった。第二の問題はアンドーヴァの社会的キリスト教と深くかかわる問題であった。というのは、罪悪の原因が個人より社会にあると解されたことから、犯罪者は社会病理上の患者とみなされ、これに対する科学的療法が社会問題解決の一分野と解されていたからである。第三の分野は貧民にかかわる問題であるが、具体的には、労働者住宅および労働者教育の問題であり、いずれも良家・富裕の人士が社会問題解決のために、その金銭や労力を投げ出して行っている事業である。最後の労働者の独立政党の問題は、労働者自身の運動としてややその性格を異にしているようであるが、これについても「労働社会一般今日の有様は彼の社会党と称する架空の理想を夢みて徒らに狂奔せし時代を経過し今や実際に行ふと云ふ傾向を生じ」、「上流社会に於ける識者の同情を得」（『英国今日之社会』一六九頁）るに至った点が注目されている。かれは独立労働党については、「驕激に失するは彼等の社会主義者たるを以てなりと雖も亦富者飽く無きの残虐心を制することなしとせ」（同上、一九二頁）ずという点でその意義を認めるにすぎなかったが、「燃ゆるが如き精神と沈毅にして百折不撓の質を有し一身を労働問題に献げて辞せざるの慨あり」、「平素自ら奉ずる謙厳素朴酒を用ゐず烟草を喫ゐず未だ嘗て路に馬車に乗じたることな」（同上、一八六頁）き熱心なる社会主義者ジョン・バーンズの人物にはいたく感銘をうけた。後年、自ら労働運動に従事した片山は、バーンズを「理想の労働者」と呼んだのである。ともあれ、イギリスの実情をみて、片山は労働運動にいっそう大きな関心と期待をよせるようになった。とくにかれは、労働運動との関連においては、労働倶楽部と「社会協働会《コオポレチーブソサイチー》」(協同組合、後に日本では共同店と呼ばれた)とに関心をひかれた。「倶楽部は労働者の団結の生命にして議事堂なり学校なり遊戯場なり演説会場なり時としては演劇場にもなる」(同上、一八八頁)労働者自身の組織であり、「社会協同組合店」は「労働者組合員となり各自出金して共有小売店を作」り、これが集まって「組合を成」す組織で、「労働者独立の気運漸く大にして此種の組合亦盛とな」(同上)ったものである。片山は「これらに労働者団体の勢力は益々鞏固」である証拠を見出したのである。

イギリス旅行から帰った片山はアンドーヴァに戻らずに、エール大学神学部に最後の一年を送ったが、ここでかれは「社会問題研究が専門であつて監獄改良にも趣味を持つて居た」(『自伝』一九六頁)。そして卒業論文は欧米の「都市改良問題」(「歩いてきた途」一〇八頁)をテーマとした。片山はイギリスで見聞した「同国の諸都市が成せる発達進歩の実相」を基礎とし、「当時同大学図書館の与ふる便利を活用して、思ふが儘充分に斯問題を討究研鑽」(片山『都市社会主義』はしがき)したのである。

日本に帰った片山が在米時代の印象の未だ濃厚なうちに発表した論文が、「米国に於ける社会学の進歩」(『六合雑誌』明治二九年五月)、「監獄改良論」(『国民之友』明治二九年七月)、「英国基督教の実況」（『福音新報』明治二九年七月）、「社会学の綱領」（『六合雑誌』明治二九年八月）であったことは、在米中の片山の関心と研究がどこに向けられていたかを、明らかに反映するものといえよう。かれは「米国に於ける社会学の進歩」においてこう記している。

「国政既に弛頽せり。庶民の私利是れ営み、公利を顧みず、公益を思はざる、固より自然の数と謂ふべし、而して猶能く革命の沸起せざるは蓋し、其中流社会に宗教と道徳の良風を存して僅に一線の命脈を繋ぎたるに依る。而して此中流社会は二三年以降頗る奮起して米国社会の大改良に着手せり。是れ社会学の勃興せる所以にして其勃興は全国の宗教、道徳の衰微に大なる刺戟を与へたり。」

かれが中流社会の一員として、社会学の研究に基く社会改良に大きな期待と情熱をもったことを知ることができる。

ところでこの社会学の範囲は広大深遠で、「今世紀の文明を以てヒューマニティ（人性）を知るは殆んど群盲評象の譏を免れ」（同上）ないところであり、そのため学者の中にはしばしば群盲評象の類が現われる。「古来今往斯の如き弊に陥りし学者少なからず遂に一種社会改良論者なる私生児を産出し、之をして社会の根本的組織に不満を抱かしめ（中略）彼等遂に矯激悖戻の極端説を唱導し建設的論者を指して社会の敵となし破壊的の一方に趨りて狂奔す。即ち社会党の如き虚無党の如き皆其結果」（「社会学の綱領」）だと評し、社会学なるものをこう規定している。

「社会学の綱領を究むるものに必要なるは先づ社会学の主義を確定し而して家族制度の進化、貧民の制度、慈善事業、犯罪及犯罪人、其他統計学経済学を研究することに在り。真正なる社会学は是等多数の学術を総括して一頭地を其上に抜く所の高尚なる学問なり。而して之を研究する方法として社会の実相を以て其実際を観察せざるべからざるなり」（同上）。

＊　タッカー教授はこう言っている。二つの神学校が前世紀末の二〇年間、「進歩的な宗教運動に従事していた。ユニオン神学校は聖書の教義を自由主義化しようとし、アンドーヴァは『神学を人間の問題とす』べく試みた。社会学のコースは、『新神学』の文献で繰り返し使われた言葉だが、『神学を人生に』適用しようと努めた」（J. Dombrowski, The Early Days of Christian Socialism in America, p. 63)。なお、アンドーヴァ神学校の研究としては、Henry K. Rowe, History of Andover Theological Seminary, 1933. および D. D. Williams, The Andover Liberals, 1941. がある。

四　新帰朝者として

明治二九年一月、片山は満十一年ぶりで日本に帰ってきた。外国人のなかで生きることと、勉強することに心を奪われて、「日本の風習も忘れてしまつたが」、「日本語もこの間にうろ覚え程度になつてしまつていた」（「歩いてきた途」一一〇頁）。帰りの船中で日本人と接して、日常の用語や表現をぼつぼつ思い出さねばならない状態であった。

足かけ十六年ぶりで故郷に帰り、親戚友人らと旧交を温め、春上京してからは、別に仕事もないので、神保町に家を借り、一八九四年夏の紀行を整理した『英国今日之社会』と、都市問題の一環として研究した鉄道事業について論じた『鉄道新論』との著作に従事した。著述といっても、日本語を満足に覚えていないので、前者はある老書生を頼んでかれの話を文章にしてもらったのであり、後者は後に東洋経済新報の主幹となった植松考昭に筆記してもらった。文章が充分に書けないという欠陥は、その後も一生片山についてまわったが、半分以上文筆によって活動し、生活しなければならなかった明治の社会運動家の一人として、これはかれのその後の活動に大きな障害となった。

片山はそのころ、「専門の牧師とか伝道師として頼んで見た」（『自伝』二一〇頁）が、なかなか思うような働きぐちがなかった。かれはその事情を「同志社連中が跋扈して、組合教会では働けない」し、「他派の教会で働くのも余り面白くも無い」と記しているが、当時は日本のキリスト教界がもっとも沈滞し、教会がさびれた時期で、新来の片山を迎え、その力を振わせる場がなかったのである。ともあれ、かれはキリスト教界のなかで働こうと考えていた。エール大学で同窓であった綱島佳吉の牧する番町教会の会員となり、その役員や日曜学校の幹事になって、「毎日曜には教会へ行つて働いた」（『自伝』二一二頁）のみならず、日本基督教会派の一番町教会の牧師植村正久とも親交を結び、その活動も助けた。植村は自分の発刊していた『福音新報』誌上に片山を、「片山潜氏の精到なる観察も追々読者に紹介せらるべし」（明二九・七・一七）と紹介し、続いて片山の「英国基督教の実況」をはじめとして、いくつかの論説をのせた。また組合教会内部では、機関誌『六合雑誌』に「米国に於ける社会学の進歩」や「社会学の綱領」を書いたが、明治二九年秋からはその編輯員の一人となり、編輯と執筆によってこれを助けた。『六合雑誌』は明治二九年一一月号の時論で「社会主義の必要」を論じ、社会主義を嫌悪すべきものと見るのは、「其の主義が其の極端の弊害に陥れるを見て而してこれを以て其の真意となせる」誤りであり、「虚無党又は無政府党の名を恐れて社会主義の根底を看取せざる者」が多いので、「社会主義を唱ふるの必要」があるとして、こう叫んでいる。

「予輩は現社会に社会主義を唱ふるの必要あることに眼を覆ふ能はず。而して宗教は由来社会主義と親しかるべき筈のものなりと考ふ。予輩は宗教を説く者が今一層大胆に平等主義を主張せんことを希はずんばあらず。」

さらに翌十二月号には「社会主義とは何ぞ」をのせるとともに、社告において「本誌は今後特に現社会に於て忘る可からざる社会主義に就いて続々論ずる所あるべし希くば読者と共に社会に現存する諸種の不公平を打撃するに力めん」とその態度を明らかにした。当時『六合雑誌』編輯の中心人物は哲学者大西祝であったが、これら時論・社告も大西の筆になるものと思われる。片山はこのような『六合雑誌』に関係して、その影響を受けるところ少くなかった。片山はラサールの伝を『六合雑誌』にのせた時、「親切に而して真正に手を入れて呉れたのもやはり彼の大西祝君であつた」(『自伝』二一七頁)と記し、かれの夭逝を惜しんでいる。

だが、片山が日本に帰ってしまうと考えていたのは、このような文筆活動ではなかった。かれには別に期するところがあった。

「予は、十余年間、滞米遊欧、辛苦講学の後、帰朝せりと雖も、予の講学の目的は、西洋にて学び得たる処のものを以て、真に我国に紹介せむと欲せしには非ず、否、斯る大胆僭越なる考を有したるに非ざるなり。然らば、予の目的果して如何、唯予の多年学び得たる処のものを以て、之を実地に応用し、現在の我国社会を講究するの資とせむの微志なりしのみ」（「日本に於ける社会学講究の必要」）。

かれの素志は学んできたものを「実地に応用」することであり、時に「愚見を発表して世論に訴へた」のは、「口遂に黙する能は」なかったからである。

在米時代かれに最も深い思想的影響を与えた社会運動家は、前述したように、フェルディナンド・ラサールであった。かれは後年繰り返し、自分はグリンネル大学時代にラサールの伝記を読み、「社会問題の解決は社会主義に依らざる可からず」と考えるようになった旨を記しているが、その点をかれはこう説明している。

「ラサールの運動方法に就て其活潑なる組織的なる政策に就いて其人物とやり口に就いて非常に感服せしかば、余はラサールを中心として社会問題労働問題及社会主義を研究せり、余は当時ラサールの運動方法を以て一番適切なりと考へ、他日余が日本に帰るの時、此の方法にて運動せんと思ひたりき」(「社会主義鄙見」『社会新聞』明四〇・九・八)。

日本に帰ってからも、かれは当分ラサール主義者であった。「理想はラサール」(『自伝』二一八頁)であった。かれは帰国後間もなく、『六合雑誌』に六回にわたり「独逸社会共和党の創立者フェルヂナント・ラサル」および「フェルヂナント・ラサルの社会主義」を書き、これはその後、『労働者之良友喇撒伝』としてキングスレー館から出版されたが、*これによってラサールのいかなる点に片山が「感服」したかを知ることができる。かれはラサールを二つの点から評価している。第一は、「ラザルは前の総理大臣ビスマルク侯に尊重せられし人」であり、「ビスマルクに独乙統一の経営策を与へ、又進んでビスマルクをして後日社会主義の労働制度を執らしめたる偉人物」(『喇撒伝』著者序)として評価し、「社会を改良するの責任は上流社会の人士の頭上に在りと主張」(同上、二七頁)したことを強調したのである。第二は、「今此にラザルを卿等に紹介する所以のものは其の偉人物なるを以てにあらずして、彼は真に労働者の良友」であり、「自ら心身を犠牲に供へて労働者の位置を進め其の真正の期望を達せしめんとした」(同上、序)からであり、ルーテルが宗教改革に際して、「神は我を助けよ」といった心境で、

「自己の主義を述べ必ず身を以て其渦中に投ずべしとて爾来進んで社会主義を以て奮戦一意其実行に精励」（同上、一〇頁）した点にあった。第一の点については後にふれるとして、第二の点についていえば、片山をひきつけたのは、ラサールの理論そのものはともあれ、労働者のために一身を犠牲にして顧みないかれの実践にあったことは、否定すべくもない。かれは自ら「日本のラザル」（同上、七六頁）たらんとしたのである。

片山が理論の研究より実践に情熱をかたむけたのは、キリスト教信仰に触発されたヒューマニティへの目醒めもさることながら、かれ自身の資質とも深くかかわっていた。かれは少年時代、学問が好きになれなかったことを顧みて、その原因の一つは教育制度にあるとしながら、こう記している。

「私は努力したのだが進歩しなかつたのだ。あるいはほかの子供たちより抽象的思考能力が劣つていたからであり、それで抽象的な中国哲学を理解できなかつたからかも知れない」（「歩いてきた途」三八—九頁）。

またこうも記している。

「抽象的思考の弱さは、ずつと後の私の著作にもあらはれている。子供のころ中国哲学がそうであつたやうに、後年のドイツ哲学も私には楽でなかつた」(同上、三九頁)。

そしてかれは「むづかしい哲学が嫌ひで、歴史とか社会学とか云ふ種の学問が好き」(『自伝』六三頁)で、社会学の勉強をすることにもなったのである。かれは繰り返し、自分は記憶力や観察力ではすぐれているが、頭脳は「浅薄に出来て居る」(『自伝』六三頁)、「粗雑」(「社会主義鄙見」)であると述べ、自分の歩むべき途が学者研究者の途でないことを、強く自覚していた。このような自覚が、かれをして社会改良の実践者たらしめた一大要因だったのであるが、それがまたかれにとっては大きな障害ともなったことは、後に見るごとくである。

それゆえかれは、生活のため早稲田専門学校で英語を教えたりしていたが、三〇年になると「英語教師など止めて、兼ねて研究して来た社会改良事業をやつて見ることにした。組合派の宣教師長をして居つた、グリーン博士が、月に二十五円呉れる事となつたので、神田三崎町一丁目に一軒の家を借りキングスレー館と云ふ看板を掛けて」(『自伝』二一一頁)アメリカで勉強し、イギリスで実地に見てきたセツルメント事業**を始めた。セツルメントは、片山が「大学殖民事業」と呼んでいるように、かれのごとき「大学の人士貧民間に居住して之と苦楽を共にし其受けし処の高等教育の趣味を分与し之を味はしむる」（『英国今日之社会』一四五頁）ものであり、トインビー・ホールのごときは「実際上に於て社会問題の中央研究所とな」（同上、一四六頁）っていた。片山は日本で未開拓なこの分野で社会改良の中央機関を作りたいと考えたのである。ところでセツルメント事業は、本場のイギリスでも「方法手段に至つては頭領たる人士の意見に依て異なる」（同、上一七九頁）状態であり、片山がそこに新しい方法を開拓していく余地も残されていた。この方法についてかれは、トインビー・ホールは宗教上の働きをなさず、オックスフォード館は教育上の働きを欠き、いずれも一方に偏しているが、「マンスフヒールド・ホールは宗教、教育、社会の三者配合其宜を得殆むと完全」（同上、一八一頁）と考え、これを目標とした。かれは「国家の基礎は制度に非ず法律に非ず、実に国民の智識に在り、実に国民の道徳に在り、夫れ国民の智識と国民の道徳とは国事百般の原動力たり」（『鉄道新論』一九〇頁）と考えていたから、セツルメントによって日本の貧民大衆にこれらを与えたいと望んだのである。

片山がこのセツルメントにキングスレー館と命名したことについては、何の説明もなされていないが、片山がイギリスのキリスト教社会主義者キングスレーをどう見ていたかは、明治二九年に書いた『鉄道新論』によって伺うことができる。これによると、キングスレーは大いに改革の主義を唱えて「国民を教育」したが、「キングスレーの議論は殆んどカーライルの議論と軌を一にすると雖も、カーライルは大いにその議論を主張して人心を動かさんことを期し」たのに対し、「キングスレーは実にその議論を実行して着々実効を挙げ」（一五一頁）とされている。ここでも「実行」が強調されているのである。

キングスレー館の大綱はアンドーヴァ・ハウス[***]を手本として作ったが、条款および役員は次のごとくであった（『基督教新聞』明三〇・三・五）。

第一　本会を琴具須玲館と名づく。

第二　本会の目的は

（イ）　東京神田区に一の会館を開き、当市民の幸福進歩発達を図るの目的を以て尽力し現社会の実相を研究せんと欲する大学神学校の卒業生及び其他有志者の中心となるを期す即ち本館を以て基督教社会事業の本営たらしめんと欲す

（ロ）　本館の近傍に在る市民を種々の方面より輔助誘掖して基督の国民たらしむ

（ハ）　文明の結果即ち優美なる高等教育の花実を普く市民に附与して共に楽しむにあり

（ニ）　近傍の市人として相互親みを結び交友を厚からしむるの仲立となり以て都市的生活の進歩を計る

（ホ）　将来此の種の事業所々に興らんことを奨励す

第三　本会の主義は全然基督教的なりと雖も之を実行するに至りては務めて其事情を斟酌して其境遇に適切なる方法を取るべし

第四　本会の会員は其の目的に向て同情を持する者なり会員となるには委員会の協賛を要す各会員は毎年金三円以上を本会の事業に投ずべし

第五　本会は委員会に依て管理せらる委員会は年会にて選挙せられたる五人の会員会計一人館長一人より成立す而して毎年二人を改撰す但し再撰を許す

第六　館長は直接に館の事業を監督す館員とならんと欲する者は館長の紹介を以て委員会の協賛を得べし此の手続きに依りて正館員となり館中に住居する者は毎週若干の時間を館の事業に費さざるべからず……準館員は館外に在りて館の事業を賛助する者とす準館員となるには館長の承諾を要するのみ

第七、第八　省略

明治三十年二月

委員長　植村　正久　　委　員　横井　時雄
会　計　丹羽清次郎　　　　　　伊藤　為吉
館　長　片山　　潜　　　　　　綱島　佳吉
　　　　　　　　　　　　　　　松村　介石

これによってかれの意図がいかに深く米英における研究見学に影響されているかを知ることができる。かれのなかに植えられた社会的キリスト教は「キリスト教社会事業の本営」という蕾をもったのである。

* このラサール伝は W. H. Dawson, German Socialism and Ferdinand Lassalle, 1888 からの抄訳である。『自伝』には「予は其の頃ドウソンの書物とか或はフェルデナンド・ラサールの伝などを訳して其れに連載した」(二一七頁)とあるが、それはドウソンの書物をもとにしてラサール伝などを訳して、と読まれなければならない。『自伝』にはしばしば編者によるこのような読み違いがある。

** 『自伝』では「例のセットルメント事業の閑暇事」(二一一頁)と記しているが、時間的に余裕があったかどうかは別として、かれがこれに非常な熱意をもっていたことは、前後の事情から否定すべくもない。

*** アンドーヴァ・ハウスの規約は次のごとくであった(*Andover Review*, Oct. 1892)。

第一条　本会をアンドーヴァ・ハウス協会と名付く……第二条　本会の目的は……(イ)　ボストンに一の会館を開き、維持し、近傍の市民の進歩発達を図るの目的を以て尽力する神学校大学の卒業生其他有志者の住居とす……(ロ)　本館の所在する近傍の市人として相互親しみを結び交友を厚からしむるの仲立となる……(以下略)

第二章　労働運動の指導者として

一　労働運動の序幕

明治時代における社会調査の傑出した専門家であった横山源之助は、日清戦後の社会運動を論じた一文において、次のように記している。

「今日欧米諸国に唱へられる意味を以てせば、我国にては特に社会運動として記するべきこと極めて少しと雖も、社会の欠陥に対して起りたる広ろき意味に於ける社会問題を挙ぐれば、我国にも社会問題あり、階級の衝突あり、強者弱者の衝突あり、貧者の衝突あり、特に日清戦後以来、機械工業の勃興によりて労働問題を惹き起し、物価の騰貴は貧民問題を喚起し漸次欧米の社会問題に接近せんとす」（『日本之下層社会』附録四頁）。

片山がキングスレー館を開いて「キリスト教社会事業の本営」たらしめようとした時期は、まさにこのような時代であった。キングスレー館が開館式をあげてから一ヵ月後の明治三〇年四月三日には、上野精養軒で「社会問題研究会」の発会式があげられた。研究会を組織しようとする動きは、東洋自由党の創立者樽井藤吉や、後年の普選運動の闘士中村太八郎らによって、数ヵ月前から進められ、政治家、学者、牧師、新聞記者などに多数の賛成者をえて、ここに発会の運びとなったが、片山はこの発会式で「将来の労働問題」と題して演説した。そこで審議された規約の原案には、「本会の目的は学理と実際により社会問題を研究し、漸次に社会の改善を企図するに在り」とあったが、異議が出で「漸次」以下がけずられ、単なる研究団体と規定された。続いて幹事三名と評議員三〇名が選ばれたが、片山もその評議員の一人であった。研究会はその後毎月例会を開き、テーマを定めて報告討論を行ない、毎回三〇名ほどの来会者があったが、会員の多数は社会問題について明確な知識をもっていたわけではなく、一応の見識を持っていたのは、片山のほか、酒井雄三郎、佐久間貞一、田口卯吉など少数の会員にすぎず、普選論者もいれば単税論者もおり、国家主義者もおれば、自由主義者もいるという雑然たる状態であったが、それが当時の日本における社会問題理解の程度であった。

片山がキングスレー館の計画を進め、樽井や中村が社会問題研究会の組織に動いていたその同じころに前年AFLのオルグとなって日本に帰ってきた高野房太郎は、労働組合を組織する機会の到来を待って、準備を進めていた。高野は一八九一年（明治二四年）、サンフランシスコで商業に従事しながら勉強していた時、靴工の城常太郎、洋服職の沢田半之助らと「職工義友会」を組織し、日本人労働者の団結をはかったが、労働問題の重要性を痛感するにつれ、帰国後は労働運動に従事しようと決心し、その準備のためアメリカ総同盟（AFL）の会長S・ゴンパースと文通し、ニューヨークの事務所にゴンパースを訪ねて、親しくその教示をもうけ、AFLのオルグとなって帰国したのである。当時高野は日本の労働事情を次のように解していた。すなわち、日本の労働条件ははじめから劣悪であったのが、そこに工場制度が導入されたことによっていっそう悪化し、労資関係も対立的となってきた。それゆえ、労働運動の発生する諸条件は熟しているのであるが、現実には突発的な争議が散発する程度で、運動らしい運動は見られないし、その重要性も認識されていない。その原因は何かといえば、労働者の無知である。とすれば、労働運動のために必要なことは、宣伝し、組織し、教育することである。だが、これを労働者自身に期待することはできないから、日本における労働運動の第一歩は、労働運動のために万難を排して働こうとする人々、とくに知識階級の人々を中心とする団体を作ることである、と（Takano, Labor Movement in Japan, "American Federationist", Oct. 1891）。こうして高野もまた社会問題の解決における知識階級の役割を高く評価したのである。片山にせよ、高野にせよ、自らが中産階級の一員であり、社会問題に目覚めた先駆者として、自分および自分と同一の立場にあるものの重要性を主張したのは、けだし当然であろう。

高野はかつての同志城や沢田と「職工義友会」を再興し、労働組合設立の方法を詳細に説明した「職工諸君に寄す」を作成し、三〇年四月六日、最初の労働演説会を神田錦輝館で開いた。当日は雨降りであったにもかかわらず、数百人の労働者が集まった。これに力をえた義友会は、六月二五日第二回の演説会を神田青年会館で開き、社会問題研究会の発会式で「将来の労働問題」について演説した、キングスレー館々長片山潜を演説者の一人に頼んだ。聴衆は千二百名をこえる盛会であったが、演説が終って後、高野は義友会を代表して労働組合期成会の結成を訴え、即座に四十数名の賛成者をえたので、七月はじめに発起会を開いてここに労働者を中心とする組織としての期成会の成立をみたのである。八月の月次会で役員の選挙が行なわれ、高野が幹事長になり、片山も幹事の一人となった。

こうして明治三〇年の春に社会問題に対する研究会や実践組織が一斉に発足したのであるが、片山はそのいずれにも役員として参加することになったのである。

ところで片山は草創期の労働運動と自分との関係を、キングスレー館々長というほかきまった職業もないので、「何も演説が上手と云ふ訳でも無く或は労働問題の専門家でもなかつたが、演説家の頭数には利用されて、何時でもきまつて出席して演説し」たわけで、「相談会にも加つただけで別に之れが幹部の一人でも何でもなかつた」（『自伝』二一七頁）と記し、労働運動の理論については、「高野はゴンパースの労働運動を以つて理想とし」ていたのに対し、かれの「理想はラサール」ではあったが、労働運動については「鮮明な立場を持たなかつた」（同上、二一八頁）ともいっている。いったい片山はアメリカで労働運動について何を学んできたのであろうか。

そもそも片山が社会問題に関心をもつようになった一つの契機は、在米当時のアメリカにおける労働問題、とりわけ一八九一年のホームステッドの同盟罷工や、一八九四年のプルマンのストライキであったことは、先にもふれたところである。帰朝前後における片山の労働問題に関する見解を、もっとも包括的に記しているのは、『鉄道新論』の第六章「労働問題」であるから、しばらくこれによってかれの見解を伺うことにする。*そこに示されたかれの労働問題観は二つの主張を含んでいる。一つは改良家的視点であり、もう一つは労資協調論である。かれは古代奴隷制以来の労働問題の歴史、とくに産業革命以後の労資関係を概観し、ひるがえって我国の現状を見、「世人或は我国の労働者の智識尚ほ幼稚にして不平を唱へざるが故に我国には未だ労働問題なしと思ふ」やもしれないが、「是れ見解の最も誤れるもの」であり、「社会の改良を以て任ずるの士」は、普通の人に先立つて時世を洞察する見識がなければならない、「智識の最も低き労働者迄が弊害に感じて不平を唱ふるに至る迄、弊害を増進して顧みざるに至つては、改良家たる」の資格がない（一五三頁）という視点から労働問題を提起している。また、「資本家と労働者との間の意見衝突を生じ、円満なる合意を成立すること能はず、この結果同盟罷工或は強制解雇〔ロックアウト〕となる」る。この資本と労働の関係を「如何にして調和すべきや」が、十九世紀の大問題である。「同盟罷工は労働者の実力を示すべき一の武器」（一五七頁）ではあるが、「同盟罷工は一般の労働者を利するより寧ろ双方の損害となること多」（一五八頁）いゆえ、それは最良の解決策ではない。片山はこのような視点からホームステッドの罷工も、プルマンの罷工も観察していたのである。

片山は労働問題についてこのような認識をもっていたから、「労働問題の将来**」について演説することもできたのであるが、そこに示された認識の特色は、同盟罷工について滔々と論じながら、労働組合についてては数行の言及のほかほとんど説明がなされていない点にある。このような認識の態度は『英国今日之社会』においても見られるところであって、「労働者のツレードユニヲンなるものあり各種の職工より各種の団体は組織せらる」（一八五頁）として、一応の説明がなされているだけで、労働運動に関する叙述の重点は同盟罷工、とくにその指導者であったジョン・バーンスとトム・マンの人物論におかれている。ここでもかれの関心は労働者組織そのものではなく、改良家としての指導者に向けられているわけである。それゆえ、かれは「将来の労働問題」に関して、「我国将来の同盟罷業の衝突は、之を欧米に比して最も激烈に、且惨憺を極む可し」（「日本に於ける社会学講究の必要」）という予想さえたてながら、労働組合については具体的な認識をほとんど持っていなかったのである。それが、『自伝』のなかで繰り返し自分は労働問題については門外漢だと記している意味だといわねばならない。

*『鉄道新論』第六章の労働問題の歴史に関する部分がアンドーヴァにおけるタッカーの講義に依拠していることは両者を一見して明白である。タッカーの社会経済学の講義概要は、「社会学と神学」（『六合雑誌』明治二二年二月）によって知ることができる。この講義案においても労働組合にはほとんどふれられていない。

** 片山は明治三〇年五月の『国民之友』にのせた「日本に於ける社会学講究の必要」（続）のなかで、「我国将来の労働問題について」論じている。時期からみて四月の社会問題研究会における演説と関連があると思われる。

二　労資協調論

片山は苦学時代に印刷工場の車廻しもやり、ハウスウワークやコックもやったが、今やれっきとしたマスター・オブ・アーツ*であり、上流階級の一員であった。そのかれが労働運動の幹部となったのは、印刷工の経験があったからではなく、かれのごとき「上流」の「改良」家がのり出して、労働者を教育し指導しなければならない、と考えていたからである。ところが、直接労働運動に関係し、期成会を通じて労働者との接触が深まるにつれて、かれの思想に一つの変化が現われてきた。かれは、明治三〇年六月二五日、招かれてはじめて労働者の集会で演説した時、「労働団結の必要」について述べた。その趣旨は前述した『鉄道新論』に記されているところとほとんど異ならないが、同盟罷工の弊害を説いたうえ、こう語っている。「文明的経済は労働者を売買品となし、文明的工業制度は労働者を機械の一部分とし」、そこに労働者の困難が生ずるのであるが、「斯の惨状を防ぐの道は唯彼等が奮起して団結するにあるのみ」(「労働団結の必要」『六合雑誌』明治三〇年七月)で、同盟罷工は好ましくないのみならず、「一朝彼等の間に団結成るの日は、彼等は前陳の如き多くの利益を得て漸々進歩し、其の結果は同盟罷工を為すの要なきに至るべし」（同上）と。前述したように、この労働団結のことは、『鉄道新論』や『英国今日之社会』では、ほとんどふれられていなかった点である。

もっとも、片山がここで労働団結を叫んだのは、必ずしも団結そのものに積極的な意味を見出したからではなかった。かれの意図はこれによって、ようやく日本でも一種の流行となろうとしている同盟罷工＝労資の衝突を阻止しようとしたのである。この点は次の一文に明らかである。

「今日の急務は、労働者と資本工業家をして同盟罷工の有害なるを知らし……〔む〕るにあり、若し吾人をして労働問題の好解釈如何に想像を下さしめば、労働者を教育するにありと云はん、而して彼等を教育するに最も好き方法は、力めて労働者をして団結せしむるにあり」（片山「同盟罷工と社会」『国民之友』明治三〇年七月）。

このような見解はその後鉄工組合が組織され、『労働世界』が刊行されるようになっても異ならなかった。「余は断じて言はんとす、組合の組織なる時は同盟罷工の必要は消滅せんと」**（片山「資本家に告ぐ」『労働世界』明治三一年二月）。

それにもかかわらず、改良家ではなく、労働者自身が社会問題の解決の担い手となるという点において、労働団結の主張は従来のかれの思想とニュアンスを異にするものであった。この変化は高野ら労働運動家の影響もなくはなかったであろうが、より直接的には労働者との接触に負うものであった。この点でかれは「労働者を以て粗暴なる人民とみる」謬見を改めていった。彼は「自ら彼の工場内に労作せる熟練なる職工の多数と親しく接近して能く彼等の間の実情を解せり、是等の経験に依て見るも彼等労働者が自身の進歩改良を計るに熱心にして且つ組合の目的を達するに毫も支障なき能力を有せることは余の保証して憚らざる所」(同上)だとさえ記している。かれがこのような保証をしたのは、労働者の能力に対する信頼のほかに、「徳義」の点でも高い評価を与えることができたからである。政治社会や経済社会では徳義も腐敗し、醜悪をきわめているのに反し、労働社会には「大いに望みを嘱する所があ」った。

「徳義と云ふものは一朝一夕に高めるとか或は徳義を改良するとか云ふやうなことは出来ませぬ、併し私共が労働者の間に這入って案外に驚く所のことがあり、又一方に於ては大いに望を嘱し且つ喜ぶ所のことがある。即ち今日は労働者間の徳義が高いと云ふことで、如何様組織的にはなつて居らないけれども昔風であつて矢張り此徳義は未だ下つて居らぬ」(「日本に於ける労働」『社会』明治三二年七月)。

労働者の能力と徳義に信頼しうるならば、労働問題解決の主要な担い手は労働者自身でなければならない。労働組合運動の意義はいよいよ重要視されざるをえない。

片山の労働問題観の変化とならんで、労働運動自体も次第に本格化していった。期成会の会員は八月には三〇〇人をこえ、一一月には一〇〇〇人をこえるに至ったが、その中で最も多数を占めたのは鉄工であったので、秋になると鉄工組合結成の相談が進められ、一二月一日には千余名の組合員をもって鉄工組合の結成をみるに至り、片山は高野とならんで本部参事会員となった。また同じ一二月一日に労働運動の機関紙『労働世界』が発刊せられたが、片山はその編輯部長として実際上の責任者となった。この頃から片山は「身を入れて」労働運動に尽力するようになった(『自伝』二一九頁)。責任も生じてきたし、それに意義も見出しえたからである。

片山は文章を綴ることは苦手であったが、この点は『鉄道新論』の執筆を手伝ってくれた植松考昭が奉仕的に協力してくれた。また『労働世界』は最後の一頁を英文欄とし、これは片山が自ら書いたが、これによって日本の労働運動が世界に紹介されることになり、また各国から交換の申し込みがあり、この交換によって片山は「労働問題に関する世界的知識を得ることが出来」（同上、二二〇頁）た。

ところで『労働世界』の基本的立場は、したがってまた片山の労働運動観は、前にふれたように社会改良と労資協調であった。『労働世界』は宣言して曰く。

「労働世界の方針は改良にして革命にあらず、其の資本家に対するや敢て分裂的争闘を事とせんとするにあらずして真正の調和を全ふせんとするにあり。若し資本家の動作にして当を欠き為に労働者をして受くべからざるの圧制に苦しめんとするに際しては労働世界は極力以て反対の声を揚げ、労働者の権利を何処までも主張せんと欲す。蓋し此の如くにあらざれば到底真正の調和を望むべからず」（明三〇・一二・一）。

片山は明治三一年二月『労働世界』に書いた「資本家に告ぐ」においても、次のように記している。労働者は「正直勤勉にして能く其主人を愛す。若し資本家にして彼等を遇するに恩愛と同情を以てする」ならば、彼らは「資本家を仰で以て自己の恩人となし自ら楽で之が用を為すに至る」であろう、と。労働者に対する取り扱いさえ不都合でないならば、労働組合は決して恐るべきものではないのみならず、かえって歓迎すべきものであることを、力説したのである。もっとも、かれは決して資本家の代弁者となったわけではない。もし資本家が不条理な態度をとるならば、その時こそ組合は断乎立ちあがる決意をもっている、と云う。「資本家諸氏にして毫も我輩の衷心を察せず濫りに自ら頑強の躰を持して反対を試みんとするに至つては、余不肖と雖も志す所あり敢て犠牲を顧みず断然労働者の運命の為めに戦はんことを期す」（同上）。この決意は『労働世界』の「宣言」以来一貫していた。だが、片山らの力点は労資の協調におかれ、この決意も「真正の調和」のために強調されたにすぎない。したがって、鉄工組合は結成以来一度も同盟罷工を試みたことがなかった。

「吾人労働世界の兼てより主張する所は労働と資本との調和にあり、労働者が資本家に向ひて喧嘩を求むるが如きは労働世界の最も誡しめたる所なり。而れども労働者が資本家に向ひて無暗に頭を下げ矢たらに腰を屈めて屈従するは決して真正なる調和に非ざることを信じたれば、労働者は須らく団結を作りて自ら労働者の躰面を維持することを心掛けざるべからずと勧告し頻りに組合の必要を述べたり、組合の組織たるや決して労働者が資本家に向ひて戦を挑むものに非ず、却て真正なる調和を得ん事を務むる者なり」（「我国の資本家は黒律法を用ゐんとするか」『労働世界』明治三一年五月）。

かれは『自伝』の中でも、当時のことにふれて、「高野はゴンパースの労働運動を以つて理想として事実、彼は資本と労働の調和論者であつた」（二一八頁）と記し、自らについては「予は始め鮮明な立場を持たなかつた」が、「高野と一諸に演壇に立つて別に衝突した議論をしたことはない。……而かも演説句調はどうかと言へば、資本労働協調論で、資本家雇主に向つては激烈なる警告を与へた位であつた」（二一八―九頁）と述べている。

しからば期成会の指導下に労資協調を方針として結成された鉄工組合とは、いかなるものであったろうか。鉄工組合の結成時の規約には次のように記されていた。***

第一条　本組合は全国各地に居住する機械、鍛冶、製罐、鋳造、雛形、銅工等の諸業に従事する者を以て組織す

第三条　本組合は工芸技術の進歩を図るは勿論同業者の利益を保持増進し其美風を養成し其旧弊を除去し緩急相救ひ以て同業者の位置を高むるを目的とす

第四条　本組合は前項の目的を達せんが為に左の件々の実行を期す

一　同業者の災厄及び不幸を救済する事

一　紛議仲裁の任を尽して同業者の実利を保持増進する事

一　同業者間の徳義の程度を上進せしむる事

組合員の資格、したがって組合の組織については、次節において考察することとし、ここでは三条の目的と、四条の事業とについてみれば、鉄工組合が鉄工の技能と徳義の上昇に最も大きな関心をよせ、これによって労働者の地位を高めようとしたこと、その点で労資の協調が基底となっていたことを知ることができると同時に、もう一つ鉄工間の災厄・不幸を助け合うことが、重要な目的となっていたことを知ることができる。事実、鉄工組合がその事業として最も力を入れたのは、この共済活動であった。組合は疾病傷害のために休業したものに対しては、一日につき二〇銭の救済金を支給したのである。このような共済活動が重要視されたのは、当時の労働者は休業のため収入の途を失えば直ちに生活に困窮しなければならず、しかも脚気を中心として疾病率は著しく高かったゆえ、そこに労働者の最大の苦悩が存したからである。鉄工組合はこの共済活動によって労働者に訴え、急速に勢力を増大していったのであり、片山もまたこの機能を「疾病死亡等の偶然の災厄に対する一種の保険組合なり」との視点から、「労働組合は労働者に対する最良の経済機関」（「資本家に告ぐ」『労働世界』明治三一年二月）と評価していた。しかしながら労働組合の組織および活動の具体的な問題については、かれは高野ほどの知識をもっていなかった。当時かれが書いたものの中にも、これらの点に深くふれたものは見出しえない。

これに反して共同店（協同組合）と労働倶楽部については、早くからその意義に注目していた。たとえば『英国今日之社会』において、「労働者のみにて倶楽部を設くることは近く三十年以前に始まる、此倶楽部は労働者団体の生命にして議事堂なり、学校なり、遊戯場なり、演説会場なり、時としては演劇場ともなるなり」（著作集第一巻一八八頁）と記し、また「今日最も有名なるは社会協働組合店《コーポレチーブストア》なり、卸売、小売の二部に分たる。其組織は純然たる信用共同組合法にして労働者組合員となり、各自出金して共有小売店を作るなり」（同上、一八九頁）といい、「見る可し、労働者団体の勢力は益々鞏固にして資本主の手を離れ各自独立の精神愈々盛にして自ら物品を製作し、自ら之を分配せんとしつゝあるを」（同上）と記した。片山は明治三〇年六月「労働団結の必要」と題して労働者に演説した時にも、団結の意義を示す実例として共同店をあげ、イギリスの共同店の活動を紹介し、「団結の吾人を益する実に広大ならずや」（第二巻一九頁）と語っている。「片山潜氏は演説に於て其労働世界に於て頻りに共同店の労働者に取りて必要なことを説き、其方法を講じ」（片山・西川「日本の労働運動」岩波文庫版二一一頁）た、と記しているのは故なしとしないのである。その『労働世界』は「共同店は労働者の城廓なり」

(明治三一年六月)において、労働者は借金に追われ、火の車の生活をしているが、「之が救済策は賃金増加にもあらず、時間の減少にもあらず、其の得たる賃金を自由に使用するにあり、賃銀の主人となりて遣ふにあり、斯くなすの道は彼等が奮つて共同店を起すにあり」と論じた。労働運動の力点が、労働条件の向上をめぐる労資の対抗におかれず、労働者の消費生活に向けられていることが明らかである。それゆえ、この段階においては、共同店は労資協調論の一環を占めるものであった。労働倶楽部もこの点において本質的に異なるものではなかった。「労働者があい集まり、労働倶楽部を起して、理髪所を設け、風呂場を置きて便利を謀り、其他倶楽部員の共同に依りて種々の娯楽を始め、討論に夜学に其の望みを充し、以て智識を磨き、技能を高め、交情を厚ふするに勤むるは豈苦中の恢事ならずや」(「労働倶楽部の必要」『労働世界』明治三二年二月)という時、それは毫も労資協調と矛盾するものではなかった。

＊　片山はアンドーヴァ神学校に入学した時、同時にグリンネル大学大学院に籍を置き、一八九四年独逸一統史に関する論文を書いて、マスター・オブ・アーツの学位を得た。かれはその後、エールでバチェラー・オブ・ディヴィニティの学位を得て日本に帰ったのであるが、帰国後かれはもっぱら前者の「米国文学博士」を肩書として用いた。『鉄道新論』も『英国今日之社会』もこれを用いている。明

治三四年以降になるとこの称号は一切用いていないが、そこにかれの思想の推移の一端を見ることができるであろう。

** 片山は『自伝』の中で当時のことにふれ、「予等は盛んに同盟罷工の効力を説いたものだ」(二一九頁)と記しているが、事実はマイナスの効果を説いていたことは、以上の引用によって明らかである。

*** 三二年の改正規則においては、第三条の中「其美風を養成し其旧弊を除去し緩急相救ひ」が除去され、第四条の三番目の項目が「徳義」でなく「知識」と変っている。

三　労働者への信頼

「労働運動の手段は重もに演説」(「日本に於ける労働」前出、四二頁)であって、期成会や鉄工組合は東京市内および近傍各地に盛んに演説会を開いた。期成会の活動から関連する事項を摘記すれば次のごとくである(「労働組合期成会成立及発達の歴史」『労働世界』明治三一年七月)。

〔三〇年〕七月十八日労働組合期成会の名称の下に開かれたる第一回の演説会を青年会館に開く、城常太郎、岡文次郎、高野房太郎、片山潜、佐久間貞一、島田三郎等諸君の演説あ

り、此夜新に入会するもの三十余名とす
七月廿六日東京醸造業組合の招聘に応じ片山潜、沢田半之助、高野房太郎の三氏同組合の総会に臨み組合奨励の演説をなせり
八月十五日午後一時より芝三田惟一館に於て第二回演説会を開き田中太郎、高野房太郎、片山潜、佐治実然、鈴木純一郎の諸君出演す
八月廿二日午前八時より演説会を埼玉県大宮末吉座に開き、間見江、高橋、片山、高野の諸君出演す
八月卅一日夜東京砲兵工廠小銃科在勤諸氏の発起に成れる演説会を牛込鶴扇亭に開き、松原岩五郎、日比野恒吉、高橋、間見江、片山及高野の諸君出席す

片山が高野と並んで毎回演説していることを知ることができる。これはその後も変ることなく、明治三二年春の演説会についてみれば、四月八日の深川説教所での労働演説では「労働と貯金」について、五月六日横須賀の大演説会では「吾人の決心」と題して演説している。

片山は決して雄弁とはいえず、「何も演説が上手と云ふ訳でも無」(『自伝』二一五頁)かったが、かれの演説には労働者を動かす何かがあった。『労働世界』(明治三一年三月)は「片山潜氏

の沈痛演説」として次のように記している。

「氏は例によりて沈痛激越の口調を以て労働者の心肝をえぐり徹頭徹尾権利の一言を以て貫通し現時の労働者は何故に斯くの如く無気力なるやと絶叫す。」

片山の演説は調子にのると労働者を感奮興起せしめずにはおかなかったが、油が乗らないと無味乾燥で甚だおもしろくないものだった、といわれている。

労働運動は初め、小石川砲兵工廠、大宮鉄道工場、横浜造船所の鉄工等を中心としていたが、明治三一年二月の日本鉄道機関方の同盟罷工が一つの契機となり、関東から東北地方にかけて伸びていった。すなわち、三一年五月には福島、黒磯、仙台等の鉄工が連合して第二三支部を組織し、八月には青森に二五支部、盛岡に二六支部が結成された。このように鉄工組合が急速な発達を遂げたのは、明治二二年頃小沢弁蔵の指揮のもとに同盟進工組を組織したことのある石川島造船所鉄工等が続々入会したのとならんで、「期成会が遊説に骨折りし」ことによるのである。この遊説は明治三一年七月末、期成会の決定にもとづき、片山、高野、高橋、間見江の四名によって行なわれ、「至る処で非常な歓迎を受けて優遇され」たが、日鉄ストライキの直後であったため、「殊に機関庫の所在地、黒磯、福島、仙台、一関、盛岡、青森等で非常なる歓迎を受け」、「至る所でストライキの功名談で持ち切り」（『自伝』二二三頁）であった。

こうして、鉄工組合についてみれば、一、一八〇名をもって出発したのが翌三一年二月には二、〇〇〇名、六月には二、五〇〇名となり、同年末には早くも三、〇〇〇名と称されたのである（「鉄工組合の一週年」『労働世界』明治三一年一月）。支部の数もこれに応じて、二月には一五、六月には二三、同年末には三二支部に達した。このように労働組合に加入してきた労働者はいかなる労働者であったろうか。この点で片山らがいかなる層の労働者を目標としたかは、きわめて興味ある問題である。片山はこう語っている。

「演説会を開く上に其地方の重もなる労働者職工に向つて談話をなし労働組合の必要を述べ又は彼等の状態を聞き常に彼等の導火線となるのみにて、我々が自ら進んで工場の中に這入つて其工場の労働者に組合の必要を説くとか又は労働者の家に行つて入会を勧むると云ふやうなことはなかつた。

色々労働運動の必要を説きました所の職工が其工場内に働いて居てさうして色々な運動をして遂に会員を拵へる」（前掲「日本に於ける労働」）。

こういう職工を片山は「多く渡り職工で職工間では経験のある、多くは職に対して腕のある職工」で、「何処に行つても日は照る」（『自伝』二三二頁）と言って、職工長や助役にペコペコしないだけの気骨をもっていたと記し、また、「重に上等職工であつて往々工場内に於て職工の上に全権を取つて人の上に立つ者」であり、したがって「労働組合員は皆立派な労働者にして純粋の職工であつて、傭ひとか若くは新参者と云ふやうな者は極く少い」（『日本に於ける労働』）とも言っている。当時の組合が純然たる熟練工の職能別組合であったことを示しており、片山はかかる熟練職工の能力と徳義とに依頼して、労資協調を基調とする労働運動の指導者となったのである。

こうして片山の「労働運動に対する地位は稍本物になつて来た」（『自伝』二三二頁）が、明治三二年はじめからは、いよいよ本格的に労働運動の最高責任者となるに至った。というのは、三一年末の期成会幹事会、および鉄工組合参事会で両者の常任幹事高野は、横浜における共同店の経営に全力を注ぐ必要上辞任を申し出で、これが承認され、片山がその後任に推薦されたからである。

労働運動の最高責任者として片山は、一方では、後に詳しく見るように、「将来の労働問題を今日の如く経済問題として続けて行くことが出来るや否や」（同上）という問題を抱いていたが、他方では一年半の経験によって、労働者に対して大きな信頼を寄せていた。

「労働者に向つて私の大いに望を嘱することは外でもありませぬ、実際のことを云へば彼らは直にそれを採用して行ふといふ点である。我職工は理論上は兎も角もあれ実際に於ては非常に進歩して居る」（同上）。

すなわち、労働者は理論上ではともかく、実行力をもっている、「文明の思想を得ればそれを実行するに吝かでない。労働組合然り、共同店然りである。」前述したようにそれはとりもなおさず片山の性格自体の中に存した特色にほかならなかった。片山は労働者の中に自己との共通性を見出したのである。だが、片山が共鳴を禁じえなかったのはそれだけではない。

「此労働運動を致しまして彼等の利益になる丈けを以て満足して居るかと云ふと決してさうではない。此処が殊に労働運動上望みのある所であつて、東京横浜の職工が組合を搆へれば段々盛に成り掛けると地方運動が心配であると云ふて自分達が義捐金を出してさうして職工自身又は労働運動者を奥羽地方に送るに至り、シテ好結果を得たと云ふので今度は関西運動をしなければならぬと云ふて運動の用意をして居る。此を見ると労働者間には公共心が高い」(同上)。

片山自身が社会改良家として、労働運動のために多くの犠牲を払って努力しているのと、本質的に異ならない「ヒューマニティ」をそこに発見したのである。そうとすれば、高野や片山が指導者である必要がなくなり、労働者自身の運動へと発展する可能性をもつ。「自分等が儲けずして此労働運動に熱心だと云ふことは実に労働運動は遂に行く行くは労働者によつて為されるやうになる」ことを、かれは「希望」し、「信じて居」た(同上)。

四　労資協調への疑惑

労働運動が質量的に発展をみたと云うことは、労働運動に何らの障害が存しなかったということではない。* 労働運動はそのスタートの日から官憲と資本家とのきびしい監視のなかにおかれていたのである。片山はこのきびしい状況をよく心得ていた。『労働世界』第二号(明三〇・一二・一五)の英文欄には次のように記されている。

「数カ月前、労働組合期成会は活気と熱意をもつて前途ある生涯をふみ出した。世間はこれをうさん臭さうに眺め、一部は疑惑や軽侮の目で見た。刑事は期成会の性格や目的を調査するためかけずり廻つた。期成会の発起人たちはしばしば生活上の非常な不便や障害を感じたが、かれらの目的や行動が正直で公共心に富んでいたことに加へて、労働者への呼びかけの趣旨に賛成した労働者たちの挙措が穏かなものであつたので、当局もある程度まで煽動〔者〕やその追随者たちも安寧秩序を破るものではなく、勤労大衆の真の友であり、幸福を願つている人々であることを理解するやうになつた。そのため運動家たちはより自由に目的のために働くことができるやうになつた。にもかかはらず、世間一般は依然として期成会に対して疑惑を抱き、新聞も大部分は組織や運動に対して冷たい無関心な態度をとつている。」

片山らは労働運動が社会の治安を乱すであろうとは、露《つゆ》ほども考えていなかった。否、反対に、「資本家の利益を思ひ、又国家産業の利益を思へ」（「資本家に告ぐ」）ばこそ、このような運動に従事していたのである。したがって、一時の誤解はあっても、運動家側の誠意と行為によって、このような誤解は解消しうるものと考えていた。

だが、現実はそのように甘くなかった。警察は早くも明治三〇年一〇月一六日に、片山を危険人物と認め、要視察人甲号に編入し、その後の監視を怠らなかった。労働運動がはじめて本格的な干渉をうけたのは、三一年四月の期成会大運動会の禁止であった。期成会は「一には会員相互の交情を密にせん為め、二には労働者の気焔を高めんが為に」、全員を呉服橋に集め、それより上野に行進し、そこで運動会を開こうとしたのであるが、この計画は警視庁によって禁止せられてしまった。これは期成会にとっては大きなショックであり、「労働者の人権」問題として「由々しき大事を生じ兼ねまじき者」であったが、これに対しても期成会は「徹頭徹尾平和主義を取」り、それによりいつの日か「同会の寃を認視せしむるの決心」(「労働組合期成会の取るべき今後の態度」『労働世界』明治三一年四月)だという温和な態度をとった。

第二回目の干渉は三二年一月の鉄工組合一周年祭の解散であった。

「去る一月八日労働組合期成会鉄工組合は上野公園竹之台に於て創立一周年紀念祭を執行せんとし、諸般の準備既に終り会衆来列して将に式を挙げんとしたる時、俄然警察の厳命下り切角来集したる組合員並に来賓は所期の式場に於て円満なる祭典を行ふ能はざりき」(「鉄工組合創立一周年紀念祭警察の故障を受く」『労働世界』明治三二年一月)。

という事態が生じたのである。『労働世界』はこれに続けて「我輩は今回の警察権の故障に就て最早一言を云はざるべし、黙して天下公論の判断を俟たん」と記したが、警察権が労働運動の大きな障害であることは、もはや否定すべくもなかった。資本家の圧迫は警察ほど公然たるものではなかったが、直接労働者の生活に結びついているだけに、問題は深刻であった。片山は「我々が労働運動を致しまして今日まで資本家が反対したと云ふことは少い」（「日本に於ける労働」）として、日鉄大宮工場と横浜の船渠会社の二つだけをあげているが、事実は運動の指導者が職場から追われるというような事態は少からず発生し、これもまた楽観を許さない状況であった。

明治三二年の春も組合運動は発展しつつあった。だが、その背後で運動自体の行き詰りが生じつつあったことも見逃してはならない。同年二月には第二八支部が解散をし、会費を払わない組合員が増加し始めていた。片山はこのころから「将来の労働問題を今日の如く経済問題として続けて行くことが出来るや」（同上）という点で、疑問をもつようになった。それは一つには警察の干渉や資本家の反対という経験も背景となっていたが、もう一つは資本主義社会に対する認識から生じた。周知のように十九世紀の末は欧米における独占資本の成立期であった。片山がアメリカで勉強していた時にも、トラスト問題は社会の一大問題であった。ただでさえ労働者は資本家の圧迫に対して弱いのに、資本家がトラスト（独占）を形成して労働者にたち向ったら、労働者の運命はどうなるのか。資本家の労働問題に対する認識が甚だしく不充分な日本では、今後トラストの形成につれて、労働問題の解決はどうあるべきか。

「西洋の組合を有し知能もある労働者も尚握り潰し能ふ此ツラストを我資本家は採用し尚一層労働者を圧制して使ふといふやうな有様になつたならば、日本の労働者はどうなるか。吾々労働運動をやつて居る所の者がどういふ方針を執つて此の残虐なる資本家制度に当らんとするか」（同上）。

ここでかれは、ドイツが久しい以前に採用し、イギリスにおいても最近いちじるしく発展しているような「労働者に〔参〕政権を与へて彼等をして自ら国会に於て平和の下に立法の手段の下に於て労働者自身の保護をせしめなければ行けない」（同上）のではないか、と心を痛めたのである。

もっとも、片山が労働者の政治運動に着目したのは、この時がはじめてではない。否、むしろ労働組合運動よりも先に労働者の政治運動に関心を寄せていたことは、前述した『英国今日之社会』や『労働者之良友喇撒伝』において明らかである。かれの観察の焦点は労働組合ではなく労働者政党に向けられていた。明治三〇年五月の「日本に於ける社会学講究の必要」(『国民之友』)においても、『英国今日之社会』のこの点の叙述にふれ、こう記している。

「斯くの如くして、一致団結の真味を解したるの労働者は、遂に進むで社会の権力を獲得し、更に政権を掌握せんとするに至るや必せり。是亦社会学者の講究す可き重要なる問題なりとす。」

この在米時代以来の思想と三二年の片山との相違は、前者が政治運動を社会学の対象として研究しようとしたのに対し、今や社会運動の指導者として自ら政治運動の先頭に立とうとする、という一点、しかもきわめて重要な一点であった。

かれは外国の労働運動を考え、日本の労働運動の現在と将来に思いをめぐらせていくうちに、従来の労働組合の方針に関して次第に疑問をもつようになった。労資協調ははたして可能であるか、共済活動によって労働者の生活は安定するか。片山の意見はこれらに対して次第に否定的になってゆき、その論調は労働世界の文章の端々に現われるようになった。これに対して徹底的なゴンパース主義者であった高野らは危懼を感ぜざるを得なかった。この危機が表面化したのが、明治三二年四月一五日号の『労働世界』にのった期成会の「労働世界に警告す」である。

「労働世界は往々激烈当るべからざる論鋒を以て我会員の働く所の工場を抗撃し、甚しきに至つては労働者の悪風を鼓張し針小の事実を誇大にシヤベリ立てゝ以て労働者の感情を害し、又工場内の裏面を白日に晒して少しも遠慮せず、為めに期成会々員は不自由の効果を蒙ること屢々なり。

抑も期成会は元来政社にあらず、純然たる経済的団体なり、然るに友人労働世界は社会主義だとか政治運動の必要だとか、サモ労働者を煽動せんとするものの如く、頻りに政治の現状を論評し、又稍もすれば抗撃の鉾を資本家に向け却て薄弱なる労働者を悪むに至らんとす。」

これに対して『労働世界』は、「世の或る者は我紙面を批難して余り激烈なり、無骨なり、抗撃的なり、斯る句調を以て進まば遂に上流社会の同情を失ふべしと云ふ」（「吾人の地位」明三二・五・一五）が、「労働世界は平和を以て最終の目的を達する最良手段」とし、それゆえ「常に同盟罷工に大反対を表」（同上）してきた、と反駁して、その基本的立場は変らないことを示した。だが同時にその目的を達する具体的な方策については、批判者に猛烈な反批判を加えた。

「批難者が吾人の言を激烈なりと云はば、眼を眩《ママ》まして天下の実情を見よ、如何に自由競争は貧民を作り罪人を増し少年少女を機械的に酷役しつゝあるか、如何に資本の勢力が弱肉強食的獣慾を逞ふしつゝあるかを、モノポリイに於て又ツラストに於て見よ」（同上）。

片山は社会の実情を見るにつけて、労資双方に都合のよいことばかりいってはいられなくなった。「資本家の圧制と虐待を暴露抗撃すると同時に、労働者の不行跡不道徳の行為を責め」（同上）ざるをえなくなったのである。そうなると高野との距離は次第に開いてゆかざるをえなかった。高野が共同店の経営に専念している間に、鉄工組合の指導権は全く片山の手に帰し、片山の運動方針が少しずつ急進化するにつれて、その影響は鉄工組合の中にも反映していった。これに対して終始労資協調論に立っていた高野は、このころ労働運動における新しい地盤を見出した。それは活版工懇和会であった。懇和会は明治三一年夏発足し、三二年春毎日新聞社長島田三郎を会長とし、積極的な運動を展開することとなったが、「鉄工組合が純労働組合主義を執り、何方かと云へば政治運動を加味する労働運動に傾いた時、活版組合は社会改良主義を標榜して立った」（『自伝』二二四頁）。同年春には『労働世界』が懇和会の協調論をさして、「黒犬に噛まれて藁灰を恐るゝ者」だと評したことから、片山と懇和会との間に面白からぬ関係が生じたが、高野が共同店の仕事を整理して、三二年夏もういちど労働運動の指導者にもどると、その関係はいっそう微妙なものになっていった。

労働運動に対する片山の方針は、三二年秋に至ると、きわめて明白に表明されるようになる。同年九月『六合雑誌』に書いた「今後の労働運動」で、かれははっきり次のように記している。

「抑も同盟罷工は労働組合最後の目的にあらずと雖も、然も最後の手段なり。組合の利器は罷工にあり、罷工は組合の正宗刀なり、『クルップ』砲なり。組合の実を上げんと欲するか、組合として動かざる可からず、組合として動くか、組合は其雇主に向って要求する所なかる可からず、要求して雇主が之を聞入れざる時は同盟罷工をなしても之を達せざる可からず。是れ労働組合の真相なり。……我組合は唯救済を行ひ、組合員間の交情を進歩せしめ、更に資本家に反抗せず、徹頭徹尾雇主の歓心に背かず、所謂資本と労働の調和を計るが目的なりなど云ふは、一時社会を瞞着して組合発達の暴害をさけんが為めの空言のみ。」

こうしてかれは労資協調にはっきり訣別を告げ、同盟罷工の意義を積極的に承認し、「政事的運動の下に労働者保護を得ん」(同上)とする政治運動に進むとともに、社会主義の旗印を高く掲げるに至ったのである。

＊ 片山は「未だ治安警察法の制定以前であったから労働演説、労働運動は自由であった」(『自伝』二一九頁)といって、労働運動に抑圧が伴っていなかったかのごとき印象を与えているが、それは誤りである。ただ、労働者に対する影響を考慮したためであろうか、明治三一年四月まで日本文には警察の弾圧的態度は一言もふれられていない。

第三章　社会主義への道

一　社会主義への目覚め

片山は『自伝』の中で、「愈々予が社会主義者になつたのはシニオルイヤーの時、応用経済の一科として社会主義を一期間研究した。其の参考書を見る間にアトランチック月刊雑誌にフエルデーナンド・ラセールの伝がのつてゐた。之を読んでからのことである。故に予が社会主義者となつたのはグリンネル大学の賜物であると云ふことが出来る」（一七六頁）と記しているところから、在米時代すでに社会主義者となり、社会主義者として帰国したとする見解が生まれた。片山自身は終始このような見解にたち、四〇年に書いた「社会主義鄙見」（『社会新聞』明四〇・九・八）においても、「一日大学図書館にてアトランチック雑誌の合本を開き、ふとラサール伝を読みて、社会問題の解決は社会主義に依らざる可からず、社会主義を標榜せる労働者の政党に依らざるべからざる事を発見し」たと記している。もっとも、「社会主義鄙見」では、片山は「然れども当時の余は尚未だ其の全力を社会主義の運動に注がんとするに至らず、余は耶蘇教の為めに働かんとせり」と、社会主義に全面的にコミットしていなかったことを附記している。だが、年がたつにつれてこの留保はなくなり、「歩いてきた途」では「この時以来、自分を社会主義者と考へはじめた」（一〇一頁）ということになっている。

ところが、正面からこれを否定するような文章が、帰国直後に書かれたものに少からず見出される。たとえば明治二九年八月の「社会学の綱領」（『六合雑誌』）においては、

「世間往々にして社会主義と社会学とを混視し又社会党と社会学者とを同視するものあり、為めに社会学及社会学者は大に世人の擯斥する所となれり、豈亦寃ならずや。其社会学の真正の目的は……人類の集合を整然たる規律の下に置いて其福利を増進するの方法を講究するものなり。豈彼の社会の組織を破壊せむとする社会党の如きものを助長せしむるものならんや。」

といい、さらに「彼等遂に矯激悖戻の極端論を唱導し建設的論者を指して社会の敵となし破壊的の一方に趨りて狂奔す、即ち社会党の如き虚無党の如き皆其結果」だとしたのである。この

ような見解は『英国今日之社会』における独立労働党に対する評価にも現われ、「驕激に失するは彼等の社会主義者たるを以てなりと雖も亦富者飽く無きの残虐心を制することなしとせんや」（一九二頁）と記しているのである。このようなかれの論点からみれば、当時の片山は社会主義者でなかったと言わねばならない。

だが、他方において、当時においてもかれが社会主義の信奉者であったことを示す文献もまた少くない。この点で、かれが繰り返し社会主義者になったのはラサール伝を読んでからだと記しているゆえ、かれの『労働者之良友喇撒伝』（これが六合雑誌にのったのは明治二九年末から三〇年なかばにかけてである）によって、これを見よう。在米時代「日本に帰るの時、此の方法にて運動せんと思」（「社会主義鄙見」）ったラサールが社会主義者であったことはかれのよく知っていたところであるが、それは「進歩したる社会主義」（『喇撒伝』四九頁）であるとし、「此変革を法律的平和の手段に依りて遂げんが為に自由共同の基礎を以て生産的組合を組織するの要を唱へた」（一五三頁）という点に注目し、さらに「真理は漸々順序を以て発達せしめざるべからず」として、「カルル・マルクスの如く激烈なる説を吐か」（七〇頁）なかった点を強調したのである。

以上、社会主義に対する一見対立的な積極的・消極的評価を通じて、一つの共通性を指摘することができる。それは片山が社会理論を驕激なものと温和なもの、破壊的なものと建設的なものとに二分し、社会主義は一般的な傾向として驕激に赴くと見てこれに反対したこと、換言すれば、温和な社会主義はこれを高く評価したという事実である。それゆえ、一方では「社会主義者の熱心なる力に依り、已に完備尽善なる状態を奏し得たる幾多の事業は、英に仏に独に米に、至る所として其進運健盛ならざるなきは、苟も社会問題に留意するもの丶熟知する所」(『英国今日之社会』自序)と言うとともに、他方では「社会主義なるものを誤解するに至ては、更に恐る可きの患害を生ぜん」(「日本に於ける社会学講究の必要」)という警告ともなっている。

そもそもアンドーヴァの「社会的キリスト教」は、社会主義に対しては否定的であったと言われているゆえ(D. D. Williams, The Andover Liberals, p. 145)、片山がとくにラサールの影響を強調したのは故なしとしない。だが、当時のアメリカのキリスト教社会主義に関する次の叙述は、片山の社会主義観を知るのに重要な手助けとなるであろう。

「キリスト教社会主義者の間では、漸進主義の思想が有力であったので、社会主義と云っても人類の漠然たる有機的統一くらいの事しか意味しないものとなってしまった。このような解釈の下では、人間同士のある種の相互依存の効用を認めるものは、自分を社会主義者と呼ぶことも出来た。キリスト教社会主義者は、社会における自然法の働きは進歩を不可避ならしめる、と考えていた。遂には、この法則の必然的な働きにより社会主義社会は間違いなくやって来る。この思想によれば、極めて些細な労働条件の改善や労働立法も、神の国への一歩と告げられたのである」（J. Dombrowski, The Early Days of Christian Socialism in America, p. 26）。

社会主義という言葉はきわめて漠然と使われていたのであり、その意味で片山が主観的には在米時代から漸進的な温和な社会主義者であった、ということは否定することはできないであろう。* しかもその「社会主義」は、後に片山が自ら改良主義として批判克服していったそれであったこともまた明らかである。労資協調論を克服しはじめたのが明治三二年初めであったように、改良主義に対して疑惑をもち始めたのも三二年春であった。在米時代から社会主義者であったことを強調した『自伝』が、「予はもう此の時〔三二年春〕は社会主義者であつた」〔二二四頁〕と記しているのは、以上のように理解しなければならないであろう。

以上のような観点から、当時の片山の思想の中で比較的明確な形をとっていたのは、その都市社会主義であるといってよいであろう。かれはエール大学で「都市社会問題」を卒業論文のテーマとしたことは前述したが、この点についてかれは「斯問題を討究研鑽するに従ひ、愈々《いよいよ》余をして都市問題の解決は、社会主義に依らざるべからざるを悟らしめた」(『都市社会主義』、はしがき)と記し、イギリス見学旅行においては、グラスゴーにおける都市交通機関の市有化について、「グラスゴーは勝利を世界に示し社会主義運動者の為め確かに気焔を高めたり」(『英国今日之社会』二四三頁)と、その意義を高く評価したのである。それは建設的かつ漸進的であって、かれの容認しうる社会主義の最も有力な方法だったのである。この都市社会主義**、いわゆるガス・水道社会主義は、その後も長く片山の社会主義思想の一角に重要な地歩を占めていた。たとえば、明治三二年七月の『東京経済雑誌』に連載した「市政と社会主義」の末尾に、かれはこう記している。

「乞ふ、欧米諸市が如何に市政を積極的に進め、市の諸事業を市的事業となす〔か〕を見よ、米国の大都市五十の中四十一市は水道を市有とし、二百の市町村は近々二十ケ年間に水道を市有とせり、米国の百六十八市独乙の三百三十八市は共に其瓦斯を市有とせり、米国の十一市、ブラッセル、アームスタームも瓦斯を市有とせり、而して米国の市三百は電灯を市有となし之を営業せり、全英国市内鉄道の三分の一は市有となし、ロンドンの如きも数百万弗を投じて之を市有となしたり。」

これらはすべて片山によれば社会主義の実現にほかならなかった。『都市社会主義』(明治三六年)においても、かれは社会主義の実現をもって「経済進化の大勢なりと信」ずるとともに、「此主義が其最初に応用せられて、人類に幸福を賦与するものは、都市社会主義に外ならず」(同上、はしがき)としたのである。

* それゆえ、『自伝』が一八九一年グリンネル大学在学時代に社会主義者となったという記述そのものは、一応事実と認めてよいであろうが、問題は、かれの改良主義批判が徹底し、これを社会主義と区別するのに反比例して、まさにその改良主義中の温和派となった一八九一年を社会主義者となった年として強調している点である。

** 当時、「都市社会主義」が、どのような意味をもつものと解されていたかについて、安部磯雄は自伝『社会主義者となるまで』に次のように記している。

「其の当時に於ても既に『都市社会主義』といふ語が用ひられて居た位で、或程度まで社会主義は先づ都市政策として実行すべきものであるといふ意見のみでなく、既に実現されて居た例もあつたのである。例せば電灯、電車、瓦斯、水道、市場、屠獣場の如き独占的性質を有する事業は、これを個人に経営せしむるよりも、市自ら経営することが、市民全体の利益になるといふことを主張するのであつて、欧羅巴諸国に於ける都市は或程度まで実行して居る」（二一八―一九頁）。

二　改良家の道

片山が上述したような「社会主義」思想をもって帰国し、その意見を『六合雑誌』や『国民之友』に発表していた時、かれと同じようにアメリカの神学校で勉強して帰国し、かれよりもはるかに明確な社会主義観をもった人々がいた。その一人は安部磯雄である。安部は同志社に学び、数年間岡山で牧師をしたのち、渡米してハートフォード神学校で学んだが、そこで社会主義者となり、さらにドイツに留学して、明治二八年帰国した。帰国の翌年四月『六合雑誌』に書いた「社会主義に対する難問」で、社会主義は、生産については個人競争主義を廃し、生産に必要な「土地製造所及び其他の資本の如き、或は運搬に必要なる鉄道運河の如きものは挙げて国有となし、以て社会協同主義を行はんと欲するもの」で、この点にはさして異論がないが、問題は分配をいかにするかにあるとして、次のような見解を記している。

「社会主義は到底共産主義にまで突進せざれば止まざるべし、若し中途に彷徨することあらば社会主義は決して思ふ程の効を奏すること能はざるべし、吾人は社会主義論者が今一層勇を鼓して論理上其達せざるべからざる所まで達せんことを望むなり。」

それはまさしく片山が驕激、破壊的として排斥批判したものにほかならなかった。安部は「社会の権力を借りて人類の幸福を増進するの政策なれば如何なることをも之を社会主義と称」するようなものは、「未だ社会主義の何たるかを知らざるの人」（「社会主義に就いて」『六合雑誌』明治三〇年三月）だとして、ビスマルクの「国家社会主義」を社会主義から区別した。この点で片山はまさに「未だ社会主義の何たるかを知らざるの人」であった。もちろん安部も都市社会主義を高く評価し、他面、「社会主義は恰も劇薬の如」きものであるから、「一たび其用を誤れば其害毒の及ぶ所も亦甚し」（同上）と見ていた点では、片山と異なるところはないが、安部は社会主義の全体像を片山よりも的確にとらえていたので、都市社会主義やビスマルクの政策をより正確に評価しえたのである。

村井知至もまた同じ社会主義者の一人であった。かれは同志社で安部と同窓であったが、片山がアンドーヴァ神学校に入学したとき、かれはすでに上級生として在学し、「社会学の名家タッカー教授に就て斯学を研究し」（村井『社会主義』緒言、明治三二年）、その後社会主義への関心を増していったのであるが、「飽迄も社会組織の根本的更革を主張し一時の保護政策を欣ばず、」「独逸に於てビスマルクが行ひ来りし国家社会主義の如きを以て真誠の社会主義と見做さざる」（同上二三頁）点においては、安部と見解を一つにしていた。

明治三一年秋、『六合雑誌』を媒介として社会問題とくに社会主義に関心をもった人々が集まって、社会主義研究会を組織した。研究会は「社会主義の原理と之を日本に応用するの可否を考究するを目的」とし、「社会主義に対する賛否を論ぜず」この目的に賛成する者は会員となりえた。片山もこの研究会に加入したが、会員の大部分は程度の差はあれ社会主義に賛同するもので、村井がその会長となった。研究会は毎月例会を開いて会員の報告を聞き、討論を行なったが、片山も三二年三月の第五回研究会で、「フェルヂナンド・ラサルの社会主義」について報告した。この研究討論は片山の社会主義思想を整理前進させるうえに、かなりの影響力をもったと考えられる。

だが、片山は労働運動の指導者として思想の整理以上に重要な問題をかかえていた。前述したように明治三二年初めころから片山は労働運動の方針について疑惑をもち始め、政治運動への展開を考え始めていた。ところで労働者を主体とする政治運動、具体的には労働者政党ということになれば、政治的目標が確定されねばならない。それは「世界の大勢」として社会主義ということになる。このような実践的な課題をにない、数千の組合員の進路を左右する責任をになって、片山は改めて研究の対象としてではなく、実践の問題として社会主義と取りくむことになったのである。それゆえこの時期の片山の社会主義思想の変化は、思想そのものの変化という視点より、実践との関連において質的な深さをもって考察されねばならない。

『労働世界』で片山が社会主義を初めて論じたのは、創刊間もない明治三一年二月であったが、それは「社会主義」*と題し、次のようにかれの立場を述べていた。

「労働世界は社会主義を主張する者に非ず、又無政府主義を唱ふる者に非ず、又虚無党主義を信奉する者に非ず、唯ヒューマニチーの光明を仮りて我労働運動の前途を照さんと欲するのみ。」

だが、かれはこれにつづけて、次のように記した。

「社会主義は世人蛇蝎の如くに之を忌めり、而れども社会主義の立論は根拠頗る強固なる者にして、其包含する所の真理や頗る味ふべき者なり。社会主義の唱ふる所にして我が労働者に必要のもの多し。」

それが虚無党や無政府党のごとき「極端なる破壊主義」にはしるのは、これを抑圧するためであるから「吾人豈誡めざるべけんや」というわけである。それは当年の片山の立場そのものであったことは、上述したところから明らかであろう。一面においてその意義を認めながら、抑圧に反撥して極端にはしることを恐れて、片山は社会主義──それは、かれにあってはきわめて穏和なものであったが──を労働運動に結びつけることに、危惧を感じていたのである。

ところが、明治三二年一月になると、この『労働世界』の態度は一歩積極化して、「社会主義」欄を設け、その理由をこう説明した。

「労働世界は労働者の唯一機関なり又代表者にして弁護人なり、正義を以て立ち進歩の態度を取る、吾人が今社会主義欄を設くるは知識的運動の為めに非ず、又好んで夢想の言を吐かんとするにあらず、吾人は此の欄内に於て毎号欧米に於ける社会主義の大勢を記して、以て実際に社会主義は二十世紀の人類社会を救ふの新福音なるを示さん。**」

この欄が前述した期成会の「労働世界に警告す」る一因ともなったわけであるが、その内容はきわめて啓蒙的なものであった。もっとも『労働世界』はこれより以前にも、村井の「通俗社会主義問答」(明治三一年四・五月)や安部の「社会主義は空想に非ず」(明三一・八・一)をのせていたが、それは外部からの寄稿にすぎなかった。それがこの欄を設けることによって、『労働世界』がこれに責任を負うことになったわけである。この欄で労働組合と社会主義との結合をもっとも積極的に主張したのは、社会主義研究会の会長村井知至であった。労働者が賃銀の増加だけに甘んじ、社会的不公平を多少改めることで満足するならば、「労働組合にて沢山」であるが、「資本家と対等の位置に立たんと欲せば」、社会主義に進むほかない。「余らは有り躰に言ふべし、労働組合の帰着は社会主義なり」(「労働組合の帰着」明三二・四・一)と論じた。村井は社会主義においては片山の先輩であった。片山が労働運動の経験から、村井のこのような主張に接近していったことは、このころのかれの言動から明らかである。

こうして片山が実践的に社会主義に接近していった明治三二年の前半に、これが契機となって、片山の社会生活にさまざまの変化が生ずるに至った。その第一はキングスレー館の経営をめぐる問題であり、第二は社会政策学会との関係であり、第三は活版工懇和会の演説会に露呈された労働運動方針の分裂である。

キリスト教社会事業の本営たらしめんとする目的で設立せられたキングスレー館について、片山は『自伝』に「其の内段々予が労働運動と離すべからざる深味に入るに従つて教会の彼等からは暗々裡に反対を受けた。其の内で一番テキメンに予に打撃を与へた一事はグリーン博士が予に月給を呉れなかつたことである」(二二八頁)と記しているところから、一般にキリスト教界と片山との関係が疎遠になった原因は、労働運動にあるように言われているが、それは事実と異なるようである。キングスレー館の理事長であった植村が主宰していた『福音新報』や、グリーン博士の属する組合教会の機関紙『基督教世界』の明治三一年ころの論説を一読するならば、このような宗教紙がいかにこのころ労働問題に深い関心をもっていたか、を伺い知ることができるであろう。それのみでなく、グリーン博士とキングスレー館との関係は、三二年春までは続いていた。三二年二月にはキングスレー館の「安息日の集会は益々盛に、グリーン教師の聖書講義は非常に有益」(『基督教新聞』明三二・二・一二)と報道され、翌三月には「グリーン博士の日曜夜の聖書講義は教は多くないが熱心な人々が出席している」(『労働世界』明三二・三・一五、英文欄)と報ぜられている。したがって、労働運動が発展しつつあった三二年春までは、両者の関係は決して断絶していなかったのである。したがって労働運動一般が問題となったのではなく、教界が「過激」と危惧するような傾向が現われたとき、すなわち、社会主義の主張が労働運動の中に現われ始めた時、教界とキングスレー館との関係は急速に冷却していった、と考えるべきであろう。この春以降、キングスレー館のニュースの中にキリスト教会関係の記事はほとんどなくなってしまう。

このようなキリスト教界との関係の危機を示し、これに抗議するかのごとくに、片山は明治三二年八月『基督教新聞』に「改良家」なる一文を寄せ、旧約聖書のホゼアが、神の予言者として、神の人類に対する愛を示すべく淫行の婦人を娶り、濁った社会の改良を叫んだことを追慕し、次のように記した。

「ホゼアは実に改良家中最も困難なる逆境に立ちて神の為に働きたる人なり、改良家たるは彼の徒らに世を批難して自己の潔白なるを以て誇称する者の能ふべき所にあらず。

余は神が余をしてホゼアの如く神の愛の大なるを知らしめんことを祈る。然り我が多くの信徒と牧師をしてホゼアの其社会の現状と神愛とを知りたる如く亦我社会の実情と神の愛は今日も亦ほ同じきを知覚せんことを祈る。」

かれの真意が教界から理解されていないこと、そうしたなかで、なおかれがホゼアのごとく濁世のなかにとびこんで、改良家の途を実践しようとする熱情をもやしていたこと、を知りうるであろう。「改良家の理想」は、かれが帰国以来のものであったが、その理想が身近かな人人にも理解されない苦悩をかれはここではっきりかみしめなければならなかったのである。換言すれば、社会の上流や知識階級の同情の支持をうけて、社会を改良しようとする考えを、かれは放棄することを強いられたわけである。

キリスト教会と似たような関係は、社会政策学会との間にも生じた。社会政策学会はドイツに留学し、当時ドイツで全盛を誇っていた社会政策学派＝歴史学派の影響を受けて帰国した官学の教授たちおよび日本にいてその影響を受けた若い研究者たちによって、明治二九年春発足したが、片山は「鈴木純一郎の紹介」で、三〇年一〇月これに入会した。労働立法によって労働者を保護するという思想を、当時の片山は全面的に支持していたし、帝国大学教授のごとき「上流」の人々が労働者解放の指導者、同情者となる意義をも大きく評価していたわけであるから、この入会はきわめて当然であった。もっとも片山の入会については、学会側に多少の問題があった。高野房太郎の弟で東京大学の若手研究者であり、学会の会員であった高野岩三郎は、片山の入会事情を後年次のように記している。

「同君〔片山〕は私の兄の友人で、兄がゴンパース又はウェッブ流の穏健な組合主義者であつたのに反して、相当進んだ理想的社会主義者であつたのであるが、兄と一緒に社会政策学会に入り度い希望を申入れてゐた。私の兄については問題はなかつたが、片山君については会員一同難色を示した。そこで〔三〇年〕六月廿五日に神田美土代町の青年会館で催された最初の労働演説会の模様を見た上で採否を決定しようといふことになり、……片山君については依然として不同意者が多かつたやうに記憶するが、まあよからうといふやうなことで会合に出席して貰ふことになつたものと思はれる」（「『社会政策学会』創立の頃」『東京帝国大学新聞』昭一〇・一二・四）。

ここで理想的社会主義と記されているのは、「フェルヂナンド・ラサルの社会主義」をちょうどそのころ『六合雑誌』に連載していたのが、問題となったのではないかと思われる。しかし、このような学会側の懸念は片山のあずかり知らぬことであって、かれは熱心な会員であった。明治三一年秋、工場法制定が社会的に問題となったとき、学会は象牙の塔を出て、「初めて公開講演を神田青年会館に開」き、金井延は「職工保護の大勢」、高野房太郎は「職工保護」、片山潜は「労働時間」、高野岩三郎は「職工証について」、加藤晴比古は「工場監督組織について」、「交々工場法制定の可なるを説き、大いに盛会を極めた」（『国家学会雑誌』明治三一年一一月）。

当時、学会の会員は約四〇名で、実業家たる佐久間貞一、労働運動家たる高野、片山をのぞけば、他はすべて学者であった。片山は明治三二年二月の例会で、期成会を中心とする日本の労働運動について報告し、こう語っている。

「日本に於ける労働運動は非常に進歩し、未だ嘗つて社会の秩序を乱だしたることなし。而して期成会は労働者に希望を持たしめ高尚なる理想を抱かしめ以て健康なる労働組合を組織せしめつゝあり」（『国家学会雑誌』明治三二年三月）。

学会は同三二年四月の例会で、社会政策学会の綱領を定めることに決定し、金井、加藤、桑田らとならんで、片山も綱領制定委員に選ばれた。ところがこの綱領制度が、当時社会主義の実践的展開に思いをめぐらしていた片山の思想の、踏絵となったのである。それから五月中旬にかけて何回か委員会が開かれたようであるが、五月の例会では「片山氏に退会を促すの件に付き重要の議事あり、協議稍や纏ま」（河合栄太郎『金井延の生涯と学蹟』一四三頁）った。このように突然事態が変化したのは、学会が綱領の中でその立場を明らかにし、社会主義に反対しようとしたのに対し、片山がこれに異議を唱えたからにほかならない。この間の事情を片山は

『自伝』でこう記している。

「先づ宣言書を発表するのだと言つて予もその委員の一人に加へられた。其の冒頭に『我我は極端なる社会主義に反対する』なる文句があつた。予は是に反対した。我々は学者を以て任じ社会の改良に従事せんとして斯会を組織するのだから積極的立場に立つてやらねばならぬと思ふ。それにネガチーブな立場に立つて社会に公表するのは卑劣だと言つたが、多数決で原案に決定した。予はもうこの時は社会主義者であつたが、決して極端な社会主義者でないと自信して居つたから自ら脱会もせず、云々」（一二四頁）。

同年八月発表された社会政策学会の「趣意書」には次のように記されていた。

「余輩は又社会主義に反対す、何となれば現在の経済組織を破壊し資本家の絶滅を図るは国運の進歩に害あればなり、余輩の主義とする所は現在の私有的経済組織を維持し其範囲内に於て個人の活動と国家の権力とに由つて階級の軋轢を防ぎ、社会の調和を期するに在り。」

学会は片山を社会主義者と認定し、片山は自分は「現在の経済組織を破壊」する意図はないと考えていたわけである。

社会政策学会の労資協調論は、活版工組合の運動方針と結びつくことによって、労働運動に分裂の芽を育てることとなった。前述したように活版工懇和会は労資協調を基本方針とし、社会政策学会の会員を評議員とし、三二年の春季大会において、ようやく労資の対立に目を向けつつあった片山指導下の鉄工組合と異なる途を進むことを確認したが、そのころ片山との間に多少のトラブルも発生していた。三二年春再び労働運動の指導に全力を注ぐこととなった高野は労資協調論者として、この活版工組合と結び、労働運動発足以来の方針を再建しようとした。このような活版工懇和会と高野の運動方針および社会政策学会の退会勧告決議を背景として、七月懇和会の演説会が開かれた。高野は「日本の労働運動の方針」と題して演説し、「資本と労働の協調論をホノメカした」（片山『自伝』三二六頁）。つづいて片山は「調和主義と社会主義」と題して次のように論じた。

「此前座を為されたお方とは私は正反対の意見を持つて居る。私は社会主義と云ふものは宜いと思ふです（拍手喝采）、鉄道は国家が所有して宜いと思ふ。水道の如きも既に東京市が所有して居ります如く、一個人よりかまだ社会全体が持った方がよいと思ふ。……夫で私は資本家を撲滅するとは云はないのです。決して革命的で世の中のことは進む者じやないです。社会主義の行はるゝのは進化的である。彼の独逸が鉄道を国有として社会主義を応用しましたけれども独逸の資本家は撲滅されなかつた。日本の電信を国有にしたけれども一人も不平を鳴らさないです（拍手喝采）。……だから社会主義と云ふものは悪いものじやない（ヒヤヒヤ、ノウノウ）。資本と労働の調和と云ふものは何が目的か、一般社会の人民が平和的に暮らすことが出来ると云ふのが目的でせう」（『労働世界』明三二・一〇・一五）。

だから高野との相違は社会主義を労働運動の中に持ちこむかどうか、という一点にかかっていた。しかもその社会主義は漸進主義と鉄道国有と都市社会主義の混合物にすぎなかったから、片山の次に立った社会政策学会の会長格の金井延によって徹底的に批判された。金井は懇和会および社会政策学会の立場を代弁し、「吾人が今日の組合に明かにせんと欲する所は、吾人は片山君の所謂社会主義に反対なることこれ也」として次のように論じた。

「或は曰く、鉄道を国有に、水道を市有なり国有にするは社会主義なりと、然りと雖も爰に一つの区別を立てずんば非ず、社会主義なるものは全躰の組織の力あるものを取て、之を公共の事業である、公共の関係を有てるものなりとし、公共の利害を以て利害とする国家組織にするが可なりと、これ即ち社会主義なりとす、本よりビスマルクの如きは社会主義には反対なりしも鉄道国有は実行せし人なり、吾人も之には賛成す、然れ共社会主義てふ意味には非ざる也、……或はビスマルクも畢竟社会主義なりと云へる人あれ共之は言葉の使い方にして夫は人の勝手に附したるのみ、一般に認むる処に非ず、……吾人はこの組合にして若も今日ある処の事業に就て国家組織を主張するの社会主義ならんには妨げなしと雖も、所謂根本的社会主義、根本的資本主義経済組織の変革と云ふ主義ならば、吾人は今日の職工組合に反対せずんば非ず。」

金井は進んで、片山の社会主義は根本的意味ではあるまいから、社会主義という言葉を使うのは適当でない、とまで批評した。この演説の効果を片山は「活版工組合及び高野一派の人々は得意のやう」（『自伝』二二四頁）だったと観察しているが、そこに労働運動の亀裂が示されているわけである。片山は同年秋の『労働世界』でこの金井の批判に対する反批判を試みたが、それは金井が鉄道国有、水道、瓦斯の市有は社会主義でないと言ったのに対し、「余も亦是等のみを以て社会主義と云はず然れども之を社会主義の応用されたるものなりと云ふ」と言い、また自分もビスマルクが社会党に反対したのは知っているが、ビスマルクは「保守的社会主義者」だと主張するものだと言うのであって、かれの社会主義思想の混乱を一層明瞭に示すものにすぎなかった（「金井延氏に答ふ」明三二・一〇・一五）。

片山は金井への反批判の中で「労働運動に従事して以来は寝食にも尚ほ暇なきの有様にて固より読書研究にひまなし、故に余は学者を以て自ら任ずる者に非ず又学者と議論を戦はす資格を有せず、然れども労働運動者として自ら労働者に接し彼等の実情を知る、又其改善法の如何にす可きなるやに至つては余は愚鈍なりと雖も一定の方針を以て働ける者なり」（同前）として、金井の批判は「曲解して余の社会主義を論難した」（『自伝』二三四頁）ものと断定しているのであるが、論理そのものだけから論ずれば、それは曲解というよりもむしろ当時の片山の社会主義思想の未熟な点を正しく指摘し、冷酷に批判し去ったものである。しかしながら、上記の片山の述懐と照し合せて考えるならば、片山がこれを自己の真意を理解しようとしない曲解と主張したことも、あながち無理からぬものがあった。

前述したように、片山は抽象的思惟には弱く、決して思想家ではなかった。それゆえ、かれの思想の中には、その後も——おそらく死に至るまで——多くの矛盾が存したのであって、金井のようにその矛盾を指摘することは困難ではないであろう。だが、かれの本領は社会運動家たる点にあるのであって、社会主義についても、明治三〇年にフェルディナンド・ラサールの社会主義について論じたところと、三二年に考えていたところとでは思想としては大差ないであろうが、前者にあってはその社会主義はいわば借り物であり、社会問題解決の一方法と見なされていたのに対し、今やそれはかれの中に、また運動の中に血肉化され、社会主義こそ「労働問題即ち社会問題を解釈し得る力ある者」（「労働問題と社会主義」『労働世界』明三二・一〇・一五）と考えられたのである。かれは多くの社会主義者のように、学校の教師や文筆で生活しようとはしないで、社会運動家としての生活に全力を注いだ。それゆえに片山においては、社会主義の問題は理論の未熟さをこえた重要問題であった。こうした事情が上述したようないくつかの問題をひき起したのである。

＊　これは無署名論文であるが、「労働運動と社会主義」（『社会新聞』明四二・七・一五）によれば、片山の執筆したものである。

＊＊　この一文も『労働世界』の見解を示すものとして無署名であるが、冒頭に「僅々三年前の事なりき、記者が欧米漫遊を終へて帰朝し」と記されているところから、片山の筆になるとみて誤りない。

三　社会主義の運動

片山が七月の演説会における演説の内容について、三ヵ月を経た同年十月の『労働世界』のスペースを大幅にさいてこれを報道し、さらに金井に対する反論までかかげたのは、この間に前述したようなかれの決意がようやく固まったことを示している、と考えて大過ないであろう。

このころ片山の思想に少からぬ影響を与えた社会主義研究会は、毎月の例会でサン・シモン、フーリエ、ルイ・ブランおよびプルードン、ラサール、マルクス、ヘンリー・ジョージと「社会主義者の伝記並其所説に就き歴史的に研究」してきたが、その後「漸く実地問題に入つて研究」（『六合雑誌』明治三三年二月）することとなり、三二年六月の例会で幸徳秋水が「現今の政治社会と社会主義」について話したのを皮切りに、「河上清氏が土地制度を講じ」、佐治実然が「市政を談ずる」（幸徳「社会主義史について」石川『日本社会主義史』）というようになっていった。こうして問題が具体化するにつれ、研究会の中に「研究のみしたりとて手を実行に着けざれば益なかるべしとの論」（山路愛山『現時の社会問題及社会主義者』明治文化全集・社会編三八一頁）が生じ、明治三三年一月の第十一回研究会において、名称を社会主義協会と改め、同年パリで開かれる万国社会党大会に日本の代表として会長村井知至を出席せしめることを定めるとともに、従来ユニテリアン協会にあった「事務所を片山潜氏に移し、安部磯雄氏を会長とし、片山潜氏を幹事とし、此に殆ど書斎の研究に過ぎざりし社会主義研究会は始めて実社会の波に乗出し」（同上）た。こうして片山は日本の生まれたばかりの社会主義運動の実質的な責任者となったのであり、さらに「之と共に片山氏の周囲に集まりたる小数の労働者、学生も亦此会に加は」（同上）ることとなり、社会主義研究会の中で唯一人の社会運動家であったかれの存在が、実践へ一歩を進めた社会主義協会の中で、実質的にも大きくなっていった。

しかしながら、社会主義協会の活動は意気込みほどに活発ではなかった。三月の例会はキングスレー館で開かれたが、雨天という事情も災して「会員の出席するもの僅に七名に過ぎ」なかったし、五月の例会は工場法を討議すべく「片山潜君の宅に開き安部、桜井〔一義〕、西川、片山、豊崎、河上〔清〕の六氏出席」（『六合雑誌』）という状態となった。幸徳はこの間の事情を「其事業の単調なるがため、会員多く倦怠の色を生じ、萎靡として振はざるに至れり」（幸徳、同上）と記している。社会主義運動が行き詰りを見せた時、一つの新しい運動が発展していた。

社会主義協会と会名を変更した三三年一月の研究では、幸徳秋水の紹介で入会した北川筌固が普通選挙について報告した。普通選挙運動は三〇年夏、中村太八郎、木下尚江らによって信州松本で発足したが、三二年一〇月には「普通選挙期成同盟会」が東京で結成され、「今日ノ急務ハ貧富ノ両階級ヲシテ共ニ国政ニ参与セシメ、階級的立法ノ偏頗ヲ芟リ、富者ヲシテ細民ヲ迫害スルナカラシメ、従テ生スル社会ノ騒擾ヲ防遏シ又政権ヲ普及シ……公明ナル輿望ノ其上ニ神聖ナル国会ヲ築造スルニ在リ」との趣意をもって活動を開始したが、北川はその熱心な会員であった。北川はこの研究会で同盟会の方針を説明してこう語っている。

「会員は目今壱万人以上御座いまして皆彼の地方に於ける有力者のみである、若し労働者即ち大工、左官其他小作人の如きものを会員とするならば優に六、七万の会員を有することが出来るのである、乍併大凡社会に於て事の革新を企てんとするに当りては大程社会の迫害を蒙るものである。就中普通選挙を唱へまするは或は社会主義——社会主義と云へば世人は其善悪正邪を識別せずして直ちに虚無党とか共産党とかを聯想して非常に嫌悪されてをる、其所謂社会党の方法手段としてやるのではないか、即ち社会主義実行の先鋒としてゞはないかと云ふ疑を世人に抱かしめる様では却てこの正義の問題をして為めに挫折せしめるの恐のあるが故に可成如此ことのない様に如斯迫害を免れんが為めに下級人民の会員たることを希はずして概ね皆社会に地位あり信用あり名望ある人々のみを以て組織して居るのである」（『六合雑誌』明治三三年二月)。

この前後、片山もまた同盟会に入会した。片山が社会問題解決の一方法として普通選挙に関心をもったのは、在米中からのことであったが、かれが帰国後「理想」としたラサールの社会主義を紹介した中でも、「ラザルは斯の目的を遂ぐるの手段として普通選挙を得んとせり。以為《おもへ》らく若し国会をして普通選挙の下に成立せしめば断じて其の計画を成就し得べし」(『喇撤伝』五八頁)と記したのである。のみならず、『労働世界』もまた早くからその必要を叫び、「徹頭徹尾普通選挙を主張」(「選挙権の拡張を論ず」明三一・六・一)したが、この段階では未だ言論によってその必要を主張する以上に出なかった。それが実践運動と結びついたのは、片山が三三年同盟会に入会して以後のことである。

普通選挙の思想と実践とを片山の中で強く結びつける契機となったのは、三三年二月の「治安警察法」の制定であった。この制定に当って、当初片山ら労働運動の指導者たちは、自分たちの運動が条文の規定するような治安の妨害になるとは考えなかったから、多大の危惧を感じながらも積極的な反対をしなかったが、事態が明らかになるにつれ、その恐るべき危険に気づいて、「大反対」を唱えるに至った。日本の労働運動は微力で雇主と交渉する力さえもないのに、政府は治安警察法を制定してこの運動の手足を縛ろうとしている。治安警察法の下では労働者は賃金の引上げを雇主に要求することさえできない。それならば労働者はどうすればよいか。『労働世界』は運動方針の変更を訴えて、次のように記した。

「今や治安警察法制定と共に既に開始した労働運動も其方針を一転して政治運動として決行せざる可からざる気運に至れり、従つて労働者政党を組織するの必要は現出したり、実に時勢の然らしむることとは云へ頗る不馴なる労働運動も組合組織に止まらず、一挙して政事運動に於て其目的を達せざるを得ざるに至りたるは実に我国労働者の為に察しやられることである」(「労働運動の前途」明三三・三・一五)。

この政治運動の第一着手として普通選挙運動がとりあげられたことは、いうまでもない。議会によって決定されたものは議会において否決することができる。こう考えて片山はこれ以後治安警察法の撤廃を叫ぶとともに普選運動に一層力を注いだ。片山は同年一一月の同盟会総会で委員の一人に選ばれ、選挙法改正案の調査委員長となったが、かれは北川が研究会で語ったように、従来、上流社会の運動であった普選運動を、北川とは反対に労働階級と結びつけ、労働問題解決の方法として積極的に展開しようと努力した。かれは幹事となって間もない三三年一二月には、深川区理髪業組合の総会で中村と共に普選の演説をしたりもしたが、普選運動における最大の関心事はいうまでもなく労働運動との関係であった。『労働世界』は「如何にせば吾人の目的を達すべき乎」（明三四・七・一二）において、次のように論じた。

「労働組合が経済方面に尽力するは吾人亦之を賛成主張する者なり、而して同盟罷工も吾人の欲せざる所なり、是れ入費を要する手段なればなり、然れども或る場合には必要なり、是れ労動者の権利なればなり、然れども軽々敷此手段に出づ可からず、吾人は同盟罷工より一層よきものあるを信ず、何ぞや、政治運動是れなり、……然れば労働者の目的を達する道は唯夫れ政治運動か、政治運動の第一着手としては普通選挙を得るにあり、普通選挙は労働者が其目的を達する一大基礎なり。」

片山はこのような考えから労働者が同盟会に加入することを希望した。

こうした希望に大挙して応じようとしたのは、機関方の組合矯正会であった。片山は矯正会に対して結成以来労働組合期成会に加入して一致運動するよう呼びかけてきたが、日本鉄道の機関方をもって組織された矯正会は、企業と職業の枠の中に閉じこもって、この呼びかけに応じようとしなかった。片山は矯正会を酷評して、「彼は内に固きも進歩せず。其積金は同盟罷工のために積み、交戦に一致して平和に一致の運動をなすあたはず、況や他組合に対してをや、殆んど蛮的行為を示す、彼は驕慢にして他を蔑視す、……彼組合の特色とする所は利己的なり、……彼等は吾人が屢〻なしたる友誼の忠言を聞かず一地方に窒居して自己さへよければ他人の困難は関せず焉と云ふ風なり」（片山「二十世紀に於ける労働運動の方針」『労働世界』明三四・一・一）とさえ記したのである。ところが、明治三四年春になると、その矯正会の中に一大変化が生じて、四月一七日から一九日まで三日間、上野の山城屋で開かれた大会では、

一、全国同業者の団結を計ること

一、本会は社会主義を標準とし諸労働問題を解釈すること

一、治安警察法中第十七条に対する件

一、全会員挙て普通選挙同盟会へ入会の件

等が支部提出の議案として議場に上せられた。この大会の結果について『労働世界』は、「日本の労働者の紀念すべき一大決議を為した。夫は外でもない、平支部の提出した『本会は社会主義を標榜となし諸労働問題を解釈すること、其第一の方法として普通選挙同盟会へ加入する

こと』といふ案を決議したことである」(明三四・五・一)と報じている。この決議の報道と併せて、片山のもとに、もし社会主義の政党が組織されるなら、矯正会は全員これに参加するだろう、という情報ももたらされた。これを聞いた片山は「好機至れりと考へこれを同志の人々に通告し、明治三四年四月二一日初めて日本橋区本石町の労働組合期成会事務所に有志会を開くことになつた。出席者は片山潜、幸徳伝次郎、木下尚江、西川光次郎、河上清、安部磯雄の六人であつた」(安部「明治三四年の社会民主党」、社会科学『日本社会主義運動史』昭和三年二月)。このころにはこの六人が社会主義協会の実質的なメンバーのすべてであった。かれらは誰も社会主義政党の結成に異存がなかったので、直ちに綱領の相談に入り、(1)人類同胞主義の拡張、(2)万国平和のため軍備の全廃、(3)階級制度の全廃、(4)生産手段たる土地および資本の公有、(5)鉄道、船舶等交通機関の公有、(6)財産分配の公平、(7)政権への平等な参加、(8)教育費用の全額国庫負担、の八カ条を決定し、さらにこの理想を実現するための実行的綱領として二八カ条を決定した。その主要なものを記せば次のごとくである。

(1)全国の鉄道を公有とすること

(2)市街鉄道、電気事業、瓦斯事業凡て独占的性質を有するものを市有とすること

(8) 消費税は之を全廃し之に代るに相続税、所得税、及其他直接税を以てすること
(9) 高等小学校を終るまでを義務教育年限とし、月謝を全廃し、公費を以て教科書を供給
　することと
(11) 学令児童を労働に従事せしむることを禁ずること
(13) 少年及び婦女子の夜業を廃すること
(14) 日曜日の労働を廃し日々の労働時間を八時間に制限すること
(16) 労動組合法を設け労動者が自由に団結する事を公認し且つ適当の保護を与ふること
(17) 小作人保護の法を設くること
(20) 普通選挙法を実施すること
(23) 重要なる問題に関しては一般人民をして直接に投票せしむるの方法を設くること
(25) 貴族院を廃止すること
(26) 軍備を縮小すること
(27) 治安警察法を廃止すること

これらの綱領自体ドイツ社会民主党のそれに負うところ多かったが、党名も社会民主党とし、

木下と片山を幹事とすることなどをきめた。五月五日には第三回の会合で安部の起草した「如何にして貧富の懸隔を打破すべきかは実に二十世紀に於けるの大問題なりとす、……我党は世界の大勢に鑑み、経済の趨勢を察し、純然たる社会主義と民主々義に依り貧富の懸隔を打破して全世界に平和主義の勝利を得せしめんことを欲す」という趣旨の長文の宣言書を決定した。一八日片山は木下とともに神田警察署に結社届を提出したが、あらかじめ結社禁止の方針を決定していた内務省は、結党の当日である二〇日、「安寧秩序に妨害ありと認むるを以て治安警察法第八条第二項により其結社を禁止」するとともに、綱領・宣言を新聞に発表することを禁じた。だが、発起人たちは予め宣言・綱領を全国の新聞に発送してあったので、労働世界のほか、万朝、毎日、報知等の諸新聞に報道され、これを報道した新聞発行者は片山も含めて、新聞紙条例違反のかどで告発された。そこで片山らは六月一日会合し、名称を社会平民党と改めること、規則を改めて主として経済問題をもって綱領とすることを決定して、結社の届出をしたが、これもまた直ちに禁止された。こうして日本最初の社会主義政党は呱々の声をあげると同時に圧殺されてしまったわけである。

だが、社会民主党の企図は無意味ではなかった。この報道が全国に伝えられたことによって、社会主義が改めて社会の注目をあびるに至ったからである。「各地方より或は照会し或は賛成して来る者甚だ多く、発起者諸氏は一々回答すること能はざりし程」（『毎日新聞』明三四・五・二三）と報ぜられるほどであった。このような状況に支えられて、社会主義協会は「去る（六月）九日の例会で、拡張することに決し、第一着手として会員を募集する」（『労働世界』明三四・六・二一）こととし、さらに七月の例会では体制建て直しのために会則を改正し、従来会員は「社会主義に対する賛否を論ぜず」とあったのを、「一定の職業を有し社会主義を賛同する者」と改め、片山と西川を幹事とした。協会は秋になると檄文を作成し、「来れ、正義を愛し、人道を重んじ、文明進歩を希ふの志士は来れ、来つて吾人と共に社会主義の弘道に力めよ」と入会を訴えた。この訴えに応じたのは、万朝報の堺枯川、斯波貞吉や和歌山の小笠原誉志夫、遠州掛川の牧師白石喜之助らであった。これによって社会主義協会は東京在住の同好者サークルから、社会主義運動の全国的組織となっていったのである。同時に協会は社会に対しても積極的な活動を開始した。

「社会主義協会は去る十二日晩神田美土代町青年会館で大演説会を開き来聴者は五百人にて出席弁士は旧民主党員西川光二郎、片山潜、幸徳伝次郎、安部磯雄及木下尚江の五氏で、何れも熱心に社会主義を演説せり、聴衆は学生及労働者であつて何れも熱心に拍手喝釆の下に謹聴せり、近頃になき有益な会合であつた」（『労働世界』明三四・一〇・二一）。

同様の演説会はその後毎月開かれたが、当時の社会主義協会の発展の模様について、木下は次のように記している。

「本月の例会は茶話会の順番になりければ、二十九日午後六時神田御土代町青年会館の一室に集まれる者四十余名、初対面の会員も少からねば、某氏の発議にて姓名、生国、職業、年令、宗教、結婚の有無、社会主義に至れる道行の諸項をば各員自ら紹介することとなれり。学生あり、教師あり、職工あり、記者あり、商人あり、曰く耶蘇教、曰く仏教、曰く無宗教、曰く社会主義、既に数人の児女ある者、未だ妻だに是れなき者、児ありて亡へる者、今日の職工は妻子を教養するの余資なきが故に、結婚せざる決心なりと云ふ者、其の社会主義に至れる事情に就ても、或は講書講学の門よりせる者あり、或は流離の実験よりせる者あり、一点電燈の下、異彩百出、時の移るを覚へざりき」（『毎日新聞』明三五・三・三一）。

このような状況の中で片山は自己の見解を次のように記した。

「吾人が我邦に於て社会主義を主張する爰に五ケ年なり、此間吾人が我読者に向つて報道したる者は唯々社会主義の学説にあらず、誰れ彼が唱導せし社会主義にあらず、社会主義の学説よりも大いなる、誰れ彼の社会主義よりも勢力ある、生ける而も実際に於て種々の政治及社会の団躰が着々実行しつゝある事なりき、然るに彼の社会民主党が其宣言書を世に発表せし以来、社会主義及社会党に対する賛否の声は四方に起るに至れり、之れ吾人の希望する時機の至りたる者なり、新しき主義を以て世に立つ以上は攻撃もせらるべし、圧制も免かれざるべし*」(「社会主義及社会党」『労働世界』明三四・七・二一)。

片山は一方で迫害、攻撃を予期しながら、他方で労働運動と結びついた社会主義運動の発展に大きな期待を寄せた。かれは過去四年の運動の経験から日刊労働新聞の必要を痛感し、明治三四年夏以来その発刊を訴えたが、運動の発展に期待し、また発展を促進するため、同年一二月末をもって『労働世界』が百号に達したのを機に、これを廃刊して、三五年一月から日刊『内外新報』を発刊した。鉄工組合の本部を事務所に使い、片山のほか、西川および小塚空谷が編輯に当った。だがこの日刊新聞はみごとに失敗に終った。準備の不足や経験の不足が何よりの原因であったが、片山は新聞のほかに、その間の労苦のために、健康をも失ってしまった。

かれは帰国後最初の夏を過した葉山に退いて、再起を計らなければならなかった。片山は生来頑健であったし、困苦粗食にも耐えることができた。かれは明治三二年秋、「余は此二ケ年以上労働運動の為に一身をゆだね来たる者なり、労働者の為に位置を放棄し、快楽を犠牲にして以て之が改善を計るに東奔西走日も亦足らずとする者なり」(「金井延氏に答ふ」『労働世界』明三二・一〇・一五)と記したが、事情はその後も同様であった。だが、さすがの片山も三四年秋に葉山で数日を過した時にはこう記している。

「今度余が此処に来りしは近時失ひたる健康を回復せんが為めである、余は何故か非常に多忙であつて寸暇なく、余が健康は日一日と減ずるを覚へて、数日前東都の繁閥を逃れて来れるなり」(片山『社会改良手段・普通選挙』自序)。

心身の過労のため、かれはこのころから神経衰弱気味で、過激な活動の後には、しばらく激務を避けて静養しなければならなくなった。このような困憊の中で、「余は片山潜氏の社会主義に就て迷路に立てる一人なり、然れども潜氏の『至誠の言』に動かされたり、真に労働者の友は労働者の喜びを喜びとす、氏の如き然り、吾人不肖氏の驥尾に附して聊か労働問題の為に犬馬を致さん」（嶺南「至誠の言」『労働世界』明三四・九・二一）というような労働者の支援が、かれを支えたのである。

日刊新聞失敗後の明治三五年二、三月の静養も、労働運動がかれを必要としたため、間もなく葉山から東京に引き出された。『二六新報』の小野瀬不二人から「頻りに帰つて来いと云はれ、終に小野瀬君自ら葉山へ来て東京に帰ることを求めた。僕は望みの如く帰つて例の四月三日の労働者の第二回懇親会を企てたが禁止され、トウ〱大演説を開いて労働者の気焔をあげた」（片山「三度葉山に来る」『社会新聞』明四一・四・一五）。

この労働者懇親会の第一回は明治三四年四月三日、『二六新報』の主催で行なわれ、片山は期成会や鉄工組合の残存勢力をあげて、これを支援し、警察の圧迫にもかかわらず、定められた定員五千名のほか、自由な参加者数万を集め、成功裡に終えることができた。労働運動が沈滞したこの頃、この企てはきわめて大きな意味をもっていたが、片山はこの機会に次の提案をなし、満場一致で可決された。

我等帝国臣民たる労働者は
天皇陛下の高恩に浴し、本月本日當向島「二六」運動場に大懇親会を開き、誠心誠意を以て

左の決議を為す

（1）政府は我等労働者、即ち鉄工、木工、石工、木挽、左官、機関手……等凡て労働を為す者の権利と利益を保護する為めの適当なる法律を制定すべし

（2）政府は幼年婦女子労働者を保護するために充分なる法令を設くべし

（3）我国の工業を発達せしむるには労働者教育を盛にするの必要を認む

（4）一般労働者が自己の利益を保護せんとするには勢ひ政治上の権利即ち選挙権を得ざるべからずと信ず

（5）毎年四月三日、日本労働者大懇親会を開くべし

それは実質上の日本最初のメーデーであった。ところが翌三五年『二六』が第二回の懇親会を開催しようとした企ては、警視庁によって禁止されてしまった。小野瀬が片山を葉山から引き出したのは、このころのことである。この禁止の後をうけて、片山は沢田半之助と連名で労働者懇親会の開催を届け出たが、これもまた禁止されてしまった。三月二九日準備のために集まった労働者団体の代表者四〇名は、ここにおいて労働者全体の問題について連絡協議するため、「労働者同盟会」を組織し、片山の家に事務所を置き、当面の急務としては、治安警察法

の廃止と普通選挙の実行を期することとした。同盟会は最初の企画として、四月二日神田錦輝館で労働問題大演説会を開き、当局の態度を攻撃した。当夜は鳩山和夫、花井卓三等の名士も演説し、風雨が激しかったにもかかわらず、会は大成功であった。

片山はもう一度体制を建て直し、三五年四月三日から『労働世界』を雑誌の形態で復刊し、捲土重来活動を開始した。その後同年末までの活動は次のごとくであった。

「吾人の出版部は斯く微々たりと雖も、多忙なる雑誌編輯に従事する傍ら、例ひ四種に過ぎずとは云へ、之を出版し得て聊か主義の為めに尽すことを得たるは吾人の喜悦に堪へざる所なり

而して吾人は雑誌発行と書籍出版の余力を以て、尚演説会を開きて主義の為めに尽すことを得たり、吾人は過ぎし九ケ月間に東京市内に於て四十二回、地方に於て二十一回、合計六十三回、月平均七回演説会を開く事を得たり、月に七回と云へばチョット四日強に一回なり、勉めたりと云はざるべけんや」（「過ぎし九ケ月間の吾等の運動」『労働世界』明三五・一二・一三）。

片山は雑誌の原稿を書き、大抵の演説会に出席したが、明治三六年になると、このほかさら

に頻繁な地方遊説が加わった。三五年にも夏には三週間西川と東北地方を遊説したが、翌三六年には西川と一月初旬から関西の遊説に赴き、京都、大阪、神戸から岡山、広島、呉等で演説会を開いた。さらに同年夏には七月初旬から九月初旬までまる二ヵ月にわたり、四国、中国、九州地方二十県にわたり、西川、松崎源吉と遊説に赴き、二十六回の演説会を開き、十月末にはさらに東北から北海道まで出かけた。その間、四月六日には片山らの努力が実って大阪土佐堀青年館で最初の社会主義大会が開かれ、「同志者は鳥取愛知諸地方より来会し無慮数百に上ぼ」(片山「大阪社会主義大会」『社会主義』明三六・四・一八)り、次の決議を行なった。

一、吾人は社会主義を以て人類社会の改善を計るものなり
一、吾人は日本に社会主義の実行を努めざるべからず
一、社会主義の成功を期するには万国同主義者の一致協力を要す

片山は英文欄で之に注して「これは満足すべきものではないが、現状においてはこれがせいぜいである。言論の自由や集会の権利はしばしば当局によって蹂躙されている。この数行は日本人社会主義者には多大の意義が存する」(同前)と記している。

事実、このころから社会主義運動に対する弾圧は一段と強化されてきた。演説の中止は頻々と行なわれた。明治三六年五月十日、府下渋谷村元下渋谷で開かれた社会主義演説会において、臨

監の警部が四名の弁士にことごとく中止を命じた事情を、『労働世界』は次のように報じている。

「第一席に岡千代彦君立ち、土地国有の事を説き始むるや、警部立つて『土地共産の事に説き及ばぬ様に』と注意す、岡君ハイと受け流して、進んで土地国有が、と云ふや、警部憤然として立ち、『土地共産には説き及ばぬ様に注意せるに』とて中止を命ぜらる。次に加納豊君立ち、種々社会の有様を説き来りて正直では此の世の中ではドウモ成功が出来ぬといふ事に説き及ぶや、警部立つて『秩序に害ある様に思ふから注意しなさい』と云ひ、弁士は軽くハイと答へて尚続けて説き行くや、警部又もや憤然として立ち『注意せしにも係はらず、同じ事を続けて言ふとは何事だ』とて中止を命ぜらる」(『社会主義』明三六・五・一八)。

遊説先においても演説の中止はあたりまえのこととなっていた。にもかかわらず、「一九〇二年及び一九〇三年は、労働運動と社会主義運動が結合した諸活動の、最も活発な時代であつた」(片山『日本における労働運動』岩波文庫版、三三一頁)。その意味は明治三六年末以降の平民社を中心とする社会主義運動と比較すれば、明らかである。後者がほとんど労働者に基盤をもたなかったのに対し、永年労働運動のために献身した片山と、労働者に最も訴えるものをもっていた西川を中心とした、この時期の社会主義運動は、労働運動自体は衰退してしまったなかで、なお労働者を有力な基盤とする運動であった。

だが、明治三六年は片山にとってはけっして楽しい年ではなかった。五月十六日には「七年間一言一句も不平を言は」ずに片山を助けた、最愛の妻フデが二人の幼児を残して死んだ。「片山はたくましい両手に面を掩うて、声を立てゝ泣」(木下尚江『神・人間・自由』二八九頁)いた。一〇月には『社会主義』の編輯主任として、片山の右腕として働いてきた西川が、『二六新報』の記者となって片山を離れた。この間の事情について山路愛山は、この夏の四国、九州遊説の費用分担問題に原因があるとして、「西川氏と松崎氏とは此損失を片山氏の独り負担せんことを望みたり、そは片山氏は二氏に比すれば比較的生計に余裕ある人なればなり、されど片山氏は当然三人の間に分担すべきものなりとして之を肯んぜざりき、是に於て其論題たる金銭の高は多からざりしかども而も二氏の片山氏に対する感情は大いに隔離し、為に西川氏は片山氏と事を共にするを好まず、去りて二六新聞に入」(『現時の社会問題及社会主義者』前出、三八七頁)った、と記している。さらに同じ一〇月、堺、幸徳の二人が日露開戦論に反対して万朝報を退社したのを壮として、社会主義協会がその慰労会を開いた折、幹事改選が行なわれ、西川と斎藤兼次郎が当選し、片山は永年事実上の実権を握っていた幹事の地位を去らねばならぬこととなった。

妻の死と、西川の離反と、社会主義協会からの疎外とについては、多少説明を加えておかねばならない。第一の家庭問題についていえば、家庭をもって以来、片山は家に落ちついていたことはほとんどなかった。運動が第一で、家庭のことはいつもその犠牲にされていたからである。最愛の妻の死はかれを悲しませたが、残った二人の小児のことはいっそう気にかかった。妻の死後も、すぐ四国から九州へ二ヵ月にわたる遊説に家をあけ、ひきつづき、北海道の旅に出てしまった。母を失ったばかりの五つと三つの子供は寂しく父の帰りを待っているのである。「噫志士苦辛多しである」(秋水)。

ところで第二、第三の事情はかれの性格にかかわる問題であった。当時の片山の親しい同志幸徳秋水は、かれの人となりをこう描いている。

「年齢は四十五、六、五分刈りの頭、薄痘痕の顔、短い鬚、古い背広を纏ふた中肉の身軀、全体に鍛鉄の如く引締つた風采を一見すれば、何人も君が幼年から今日迄、如何に浮世の風浪と手痛き戦ひを続けたか、如何に多くの苛酷な迫害に堪へ来つたか、如何に苦痛の労働に服して来たかといふ来歴を、髣髴として読み取ることが出来るであらう。此鉄の如く鍛へられた身軀には、同じく鉄の如き心腸を包んで居る、若し夫れ此鉄の白熱以上に熱せられたる時んば其火花は常に君の舌から、君の筆から縦横に乱れ飛んで、当る可らざる勢ひである。

米国の労働界で、腕一本裸一貫で遣り通して来た君は、今も猶腕一本、裸一貫で遣り通し、如何なる妨害痛苦をも物ともせずに進み行く、意志の鞏固なのと精神の強いのは驚くばかりで、親からの仕送りで学問した生白いハイカラなどの、夢にも想像せられぬ所である。

君の精通する所は経済学、社会学、歴史である。而も君は決して学者として立たないで、常に労働者の代表者を以て自ら居る。君の態度も其生活も全く規律あり品格ある文明的労働者のそれである。家に在ては多くの書籍図書の狼藉たる中で、兀々として筆を取り、曾て倦怠の色を現はさぬ、否一時寸時も働らかずには居られぬかのやうに思はれる。外に出ては、予は一回も君が人力車に乗つたのを見ない」（『平民新聞』明三六・一一・二九）。

秋水が好意をもって描き出したかれのこのような人となりは、必ずしもプラスにばかりは働かなかった。冷酷だ、頑固だ、偏狭だ、という非難の声も少くなかった。ことに金銭に対して細かいことが、人間関係をまずくした。片山はアメリカでの苦しい生活の貴重な教訓として、「金銭上に於ては決して何人とも関係を有せざること」（片山『渡米案内』六二頁）をモットーとし、

「之が為めに余は却て多く良友を得た」（同上）と記しているが、それはアメリカ社会では通用しても、日本社会、とくに貧乏人同志の社会主義者の間では通用しなかった。むしろ、若い同志が金に困っていれば、着ている羽織を質に置いて工面してやるような親分肌が、このグループの中では必要でもあったし、尊敬もされた。本来「一党の首領たらんとするものは、自分の周囲に人を集めやうと努力し、またその術にも長じているものである。その点最も器用で成程親分らしい器量があつたのは幸徳伝次郎秋水であつた。……が片山君に至つては武骨で、不器用と言ふよりはてんでそんな術を心得てゐなかつた」（山崎今朝弥「片山潜君の思い出」『人物評論』昭和八年十二月）。金の事ばかりでなく、生活万般について、かれは細かく、またきびしかった。「演説が済んで家に帰ると、妻君が不在なれば不在で、さつさと冷い飯に水をぶつかけ、漬物を噛りながら食つた。食つてしまふと、着のみ着のままでその儘ごろりと寝る。……当時の、今から見れば至極呑気な、殊にインテリゲンチャ出が占めてゐる社会主義者達は、こんな、何でも自分でやつてのける運動にはついて行けなかつた」（山崎、前出）。その点でも肌が合わなかつた。愛山は片山を評して「其金銭に対する良心は一個の銅銭と雖も其手を離ち肯んぜざるものあり。其事業は実務に在り、寧ろ同志に悪まるゝも其精細なる計画を遂行せんとす」（『現時の社会問題及び社会主義者』三八六頁）と言い、多情多感な若い社会主義者たちの間で、片山の人望の乏しかった所以としている。同志である堺利彦も、「温乎たる和気は君に於て欠けて居る、是れ君が種々なる世評を受くる所以である」（「同志の面影片山潜君」『平民新聞』明三六・一一・二九）と評している。

ともあれこうした諸事情のため、頑健な片山は又も「数週間来脳痛を覚え、剰え種々雑事のために忙殺されん程に急《いそ》がはしく為めに一層身心の疲労を感じ」（片山「東北痛感」『労働世界』明三六・一一・一八）、その静養を主として、一〇月二〇日北海道旅行に出発したのである。この旅行でかれを最も喜ばせたのは、夕張の労働至誠会であった。至誠会は明治三五年春夕張の鉱夫南助松、永岡鶴蔵等によって組織され、『労働世界』はこれに声援を惜しまなかったが、その至誠会員と親しく語ることができたのである。「過去七年間労働運動を為すも今度の如く愉快なる時を過したることなし、夕張の諸有志家は実に北海道の花なり」（同前）。

帰京した片山は社会主義運動の責任の地位からも一応解放され、静養も要する状態であるうえに翌三七年にはかれが本部委員になっている万国社会党の大会がアムステルダムで開かれることになっていたのでその出席も兼ね、海外に渡航して新しい運動の展開を図ろうと決心した。

* この論文は無署名であるが、「吾人の信仰する耶蘇も之を為せり、吾人其僕と呼ぶ者決して辞すべきにあらず」と記しているところ、片山の筆になるものと考えて誤りない。

四　『我社会主義』

片山がその成長に大きな期待をかけていた労働運動は、未経験からくる組合運営自体の失敗に加えて、雇主の抑圧と政府の態度とによって、明治三二年春を頂点としてその後急速に衰退に向った。それが片山をして政治運動に関心を注がせ、社会主義運動へ踏みきらせていく誘因となったことは、上述した通りである。しかし、それにもかかわらず、思想的にはかれの中に依然として労資協調論や、改良主義などが雑然と混在していたこともすでに記した。三二年一二月から翌年一月にかけて『六合雑誌』に書いた「欧洲に於ける社会主義の大勢」の中でも、ビスマルクが社会共和党を撲滅しようとし、「十年間圧制制度を敷き惨澹たる惨状を全独逸に現出した」ことを認めながら、他方では依然として「或点迄はビ侯は社会主義の理想を実行したる者」（明治三三年一月号）との見解をとっていた。ところが三三年二月に治安警察法が制定されて、実質的に労働運動が禁止され、四月にはこれによって日本鉄道の鉄工たちの運動が粉砕されるという事態に直面して、片山は階級対立について、したがって社会運動の論理について、従来の混乱を整理せざるを得ない立場に立たされるに至った。この変化は三三年五月から七月にかけて、時を同じくして発表された「社会改良と革命」*（『労働世界』）および「貧富の戦争」（『六合雑誌』）に明らかである。ここで従来、社会主義実現の中間段階として歓迎してきた社会改良策に対して、今や批判的な立場からはっきり「否！」と発言するに至った。

「過去数十年間学者政治家は生産機関に於ける私有財産制度の将に斃れんとするを支へんと努力しつゝあり、将に来らんとする大革命を支へんとしつゝあり、此の支柱を社会改良と彼等は唱へ、私有財産をば其儘にして此より起る病根害毒を治せんとす。

社会主義者は社会改良策が悉く無益なりと云はず、唯資本と労働の調和に向つての諸改良策は一も効果なきを断言する者のみ」（「社会改良と革命」明三三・五・一）。

社会主義は社会改良によってもたらされるものではなく、革命によって初めて実現されることを、今や主張するに至ったのである。それならばかれは、「革命」をどう理解したであろうか。

「社会主義的国家を組織せんとするには社会的革命に依らざる可らず、即ち都ての発達進歩の妨害物となり国家の上に一大夢魔となりたる生産上に於ける資本家制度を廃棄せざる可からず、換言せば現在資本家と地主に所有され居る生産機関を国民の共有に帰するを意味する者、即ち労働の機関（土地資本及機械等）の私有制度を全廃して之に代ふるに共有制度を以てするに在り」（「貧富の戦争」明治三三年五月）。

かれによれば、これは歴史の必然的展開であって、「反抗の出来ざる勢ひ止むを得ざる革命」（「社会改良と革命」）である。だからこの「革命」は十九世紀的教育をうけた人間としてかれの中に根深く存した、社会進化論の一要素にほかならなかった。だが、かれの社会進化論の特色は、「革命」における労働者の役割を高く評価した点にある、と言わねばならない。

「社会主義者が現在の社会制度の破壊は止むを得ずと云ふ所以のものは、現在の経済上の進化が遂に生産者をして起つて私有制度に反抗せしむるに至るを云ふなり、此制度は資本家の数を減じ労働者の数と其勢力を増加し、遂に此制度は労働者に堪へられずなり、彼等は之が為めに滅亡するか奮起して此制度を転覆するかに至るを信ずる者なり」（「社会改良と革命」同上）。

それならば、このような歴史的過程にありながら、なにゆえに日本の労働運動は振わないのか。かれはここで貧民窟の居住者と近代的労働者とを明確に区別し、「階級的憎悪」の精神をもつのは賃銀労働者であるのに反し、貧民窟の住民は自ら社会の不用物と感じているため、臆病で卑賤であり、工場制度初期時代の労働者もまた貧民窟の住民と同様であるとし、「我邦現時の労働者は此種の者が大多数を占むると云ふて可なり、此れ実に労働運動の困難なる所以」(「貧富の戦争」明治三三年六月)と解したのである。かれの眼が貧民や職人でなく、漸く成長しようとする賃銀労働者にすえられていたことは、きわめて明白である。

しからばこの革命はどういう経路で実現されるのか。「斯る革命は種々なる形容を以て来るべし、火と血と雨を以て来るとは限らず、或は平和的に来ることもあるべし」(「社会改良と革命」同上)と一応は考えながらも、実際にはかれは相当徹底した議会主義者、すなわち、社会民主主義者であった。社会民主党の宣言が、

「我社会民主党は全然腕力を用ゆることに反対するが故に、決して虚無党無政府党の愚に倣ふことをせざるなり。由来大革命を行ふに当りて、腕力の助を借りしこと少からざりしと雖も、是れ時勢の然らしむる所にして、決して吾人の倣ふべき所にあらず。我党の抱負は実

に遠大にして、深く社会の根底より改造を企てんとするにあれば、彼の浮浪壮士が採る所の乱暴手段の如きは断じて排斥せざるべからず。吾人は剣戟よりも鋭利なる筆と舌とを有せり、軍隊制度よりも尚ほ有力なるべき立憲政体を有せり。若し此等の手段を利用して吾人の抱負を実行せば、何ぞ白刃と爆裂弾との助を借るが如き愚を為すを要せんや」

として、「帝国議会は吾人が将来に於ける活劇場」と主張したのは、また片山の考えるところでもあった。こうした見地から普選運動もとりあげられたのである。

「普通選挙は社会主義実行に向つては唯一の利器であつて社会主義者が第一着に得んとする者は普通選挙である。一朝普通選挙を得れば社会主義者の欲する種々なる社会改良は出来る」(片山『社会改良手段・普通選挙』)。

上述したように片山は明治三三年春に至って、明確に社会改良と革命ないし社会主義とを区別し、その対抗関係を明らかにしたが、他面、瓦斯、水道などの市有、鉄道の国有等をもって、依然として社会主義の一実現形態と考えていた。社会民主党の綱領もそうであったが、『労働世界』の「社会主義及社会党」(明三四・七・二一)には、積極的に「我邦に於ても郵便電信電話に純然たる社会主義の応用さるゝを見るなり、世人は云はん、是れ国家社会主義なりと、吁是れ字句に拘泥する者なり」と主張し、土地資本の公有、交通機関の公有其者を直に社会主義なりと云ふはできないが、「是れ正しく社会主義を応用したるものなり」と解した。このような見解は、明治三六年四月の『都市社会主義』に集約的に表現されている。都市問題は在米時代以来の関心事であったこと、ことにエール大学においてはこの研究に力を注ぎ、大学の卒業論文としたことは、前述したところである。片山はその研究を通じて、都市問題の解決は瓦斯、水道、街鉄等公共事業の市有にあると考え、当時イギリスを中心に有力な主張であった、「都市社会主義」の信奉者となったのである。この点はかれの社会主義理解が明治三二年から三三年にかけて少しずつ変化しても変るところなく、社会主義が「最初に応用せられて、人類に幸福を賦与するものは、都市社会主義に外ならず」(『都市社会主義』はしがき)ないと確信していた。

ところで、従来、片山がこのように都市社会主義に固執するのは、片山の社会主義理解の限界を示すものであるとされてきた。事実、かれが『都市社会主義』を書いたのは、「都市経営の如何に一般市民利害得失に関係あるやは、最近数年の間各都市民人の経験する所となり、彼の東京市の街鉄問題、大阪市の瓦斯問題、近くは横浜市の瓦斯問題又は東京市の魚河岸移転問題の如きを出現したるが、皆な市民の深思熟考を要すべき大問題にして、是等は、実に市民が自分から進んで、解決の任に当らざるべからざる須要のもの」(同上)と考え、その解決方法を展開しようとしたからであるが、要するに、土木事業は市の直営とすべきこと、道路を整備すべきこと、道路の清潔、すなわち、掃除や散水に留意すべきこと、交通機関としては水路を重要視すべきこと等々、片山の言葉を使えば、「都市経営問題」を論じたのであって、この経営問題を市民の有利に解決するには社会主義をおいてほかにない、という趣旨にすぎない。したがって、それは社会主義ではなく、公共事業の市有にすぎなかったのであるが、社会改良に批判的になった片山が、なお都市社会主義に固執したのには、一つの理由が存した。

　片山が社会改良を批判し、労資の対立を論じた相手は、言うまでもなく労働者であった。そして社会主義の実現はこの労働階級の団結と闘争によると理解した点に、かれの社会認識のすぐれた特色**が存したわけであるが、現実には賃銀労働者は少数であり、普通選挙運動にしても一般市民の賛成なくしては実現すべくもない。そのうえ、帰国後大きな抱負をもって始めたキングスレー館は、一般「市民」の生活向上を目的とするものであった。その後かれは労働運動に次第に深入りしてしまったが、当初の目的をまったく投げ棄ててしまったわけではなく、それがかれをしてその後も終始都市問題に関心をもたしめた所以であった。労働者の生活は団結を基礎とする社会主義の方向で解決されるとすれば、一般市民の生活はどうか。かれらもまた「利己的政事家と、貪慾饜く無き資本家の為めに」犠牲に供されているではないか。その解決は都市経営の社会主義化の方向以外にない、とかれは考える。

「思ふに都市をして小数強慾なる資本家等の銭儲け場所たらしめず、真に一般市民の家庭たらしむるには、勢ひ市政に社会主義を応用せざるべからず」(同上)。

その実現方法としては何と言っても「普通選挙」の実施が第一であり、これによって、市民と市政を結びつけることだ、とかれは主張する。このような内容をもった『都市社会主義』と、次にのべる『我社会主義』との撞着を指摘することは容易である。そして、前者を片山の社会主義の下限、後者を上限と見ることも不可能ではない。だが、片山自身はこの二者をほとんど同時に出版しているのであって、かれ自身の中ではこの二つは矛盾するものと考えられていなかったのは、二つの書物の内容もさることながら、一つには語りかける相手の区別――労働者や社会主義者と一般市民――を意識していたからだと見なければなるまい。

片山は『都市社会主義』の出版後三ヵ月の明治三六年七月に、つづいて『我社会主義』を刊行した。これは片山の「年来確執唱導する所の主義の発表、即ち信仰個条の説明」であり、「天下に向って与ふる宣言書」であり、「現社会――腐敗せる黄金万能の而も資本家横暴の社会――に対する告訴状」「資本家制度の維持者に送る手詰談判」(『我社会主義』例言)であったが、三三年以降ほぼ確定したかれの社会主義理解の総決算書でもあった。かれはこの中でも都市社会主義を論じ、「若し夫れ都市社会主義の発達に就て如何に社会主義が応用されつゝあるかを推定せば、実に驚くべき長足の進歩を為せしを知るべし、社会主義は不知不識資本家制度の中に発達して今や資本家的社会主義は非常なる勢力を有するに至れり」(同上、七七頁)とさえ論じたのであるが、このような見解は『我社会主義』においては、その基調となっているかれの経済進化論の中に位置づけられて展開された。かれはマルクスの社会主義を説明して、

「マークスの資本論はダーウィンの進化説を経済界に応用して人類社会の大問題に解決を与へたるものなり。否寧ろダーウィンの進化説は近世産業の発達にも行はれつゝある事を看破し、旧来の経済学説を根本より打破して社会主義の経済組織を近世産業の発展進歩に照して説明せるものなり」(同上、八〇頁)。

と解し、このような観点から歴史を解釈したのであり、したがって、資本主義が徐々に封建制度に取って代ってきたように、社会主義の制度は資本主義制度に取って代りつつある。「是れ社会の秩序なり、進歩なり、経済社会の大勢なり」（同上、五〇頁）と考えたのである。このような社会的ダーウィニズムは十九世紀の世界的風潮であり、したがってまた当時の日本の社会主義者にほぼ共通した理解であったと言ってよいであろう。

ところで片山が社会主義のより高度な実現は、政治運動によらなければならないと考えていたことは、すでに繰り返しふれた点であるが、『我社会主義』によれば、このような理解は在米時代以来、かれが理想としたラッサールから与えられたものである。

「彼〔ラッサル〕は社会主義の実行は人口の多数を占むる労働者が普通選挙を利用して政権を支配するにあらずんば、決して其目的を達すべからずとなせり、斯くラッサルは政治運動に依て社会主義の目的を達せんとせり、故に其運動は国内に止りて其後も力を労働者の団結に向つて注ぎたり」（同上、七九頁）。

だが、明治三四、五年ころから、片山の中にはドイツの社会民主党を通じて、次第にマルクスの影響が強くなってきていた。そのマルクス理解には前述したようになお多くの問題があったが、かれが労資の対立を強調し、社会的革命を説くようになったのも、理論的にはその影響の一つと考えられる。ところで、「進化の結果社会主義になることを論じながら、社会的大革命を予言」するのは、「論拠の矛盾」（同上、一四八頁）ではないか。かれはこの疑問に答えて、「社会的革命は資本家及資本家に荷担する幇間者流と労働者との間に於ける権利の争となり、即ち社会の支配権を資本家と労働者が争奪するに在」（同、一五〇頁）り、その争奪戦は「同盟罷工（特に政治的意味の）に依つて戦はるべし」（同上、一五三頁）と断じたのである。しかし片山が言わんとする点は、それは社会が進化したある時点において実現されるもので、そこに至るまではそれぞれの段階に応じた方法で社会主義の実現に努力すべきだ、ということであった。***

なお片山に対するマルクスの影響の一つは、「万国主義」であった。かれによればラッサールに対比してマルクス、エンゲルスの特色は「万国の労働者の一致団結に依て其目的を達せんと努めた」点にあり、かれらは「社会主義の実行を期するには是非とも万国的ならざるべからざるを確信し且つ熱心に主張」することによって、「万国社会主義の運動に尽粋」（同上、八一頁）したという点が強調されたのである。この点は明治三七年以降の片山の実践活動と結びつくことによって、重要な意味をもつに至るのであるが、それとともに片山の思想もまた多少の変化を蒙る。この点は次章以下で考察するであろう。

* この論文も無署名であるが、一九三三年に書いた「日本におけるマルクス主義の誕生と発展の問題によせて」（カー・イー一九三三年三月、著作集第三巻所収）の中で、「私の論文『社会改良と革命』」と記しているところから、片山の執筆したものであることが知られる。

** この点に立った考察は第五章において行なう。

*** 労働者ではなく、志士仁人こそが社会改革の主体であると言う発想は、当時の社会運動家の中になお根強く残っていた。その点で片山が労働者の意義を強調したことは注目されなければならない。

第四章　インターナショナリズムの確立

一　渡米協会

キングスレー館の青年クラブに集まった青年などの間には、忍耐と努力さえすれば、金がなくともアメリカでは勉強ができるという片山の経験にもとづく奨励に刺戟され、渡米の希望をもち、また実際に渡米するものも少くなかった。「著者が帰国して茲に五ケ年なり、其間我青年にして渡米の志あり、志望ありと云ふて、特に余を訪問せし者数百人なり、其志を立て大決心を以て渡米せし者も亦数十百人あり」（片山『渡米案内』七頁）。当時ハワイやキャリフォルニアは労働力が不足で、日本人移民は歓迎されていたこともあって、青年の間に渡米して人生を開拓しようとする気運が広く見られたのである。このような状況の中で渡米志望者の求めに応えるべく、明治三四年夏、閑暇を見て『学生渡米案内』を書いた。かれは『自伝』にこう記している。

「キングスレー館の事業で最も成功したのは、その『渡米案内』であつた。予一個人の力で経営した事で成功したのは、青年渡米奨励であらう、勿論始めから商売気のあつて為たことではなかつたが、『渡米案内』なる小冊子を四、五日掛つて一書生に筆記させ而して発行した所が、其れが大当りに当つて一週間に二千冊も売れると云つた様な風で――『労働世界』なぞは頼んでも仲々満足に取り扱つて呉れない――彼の傲慢な東京堂でさへも現金で五百円か七百円を買ひに来たと記憶して居る、其の後間もなく、渡米研究会を開くと、多くの青年がやつて来たものだ」（二一三頁）。

『学生渡米案内』は八月一〇日に初版が出、同月二一日二版、三〇日三版と大変な売れ行きで、三六年までに九版を出した。『学生渡米案内』は渡米熱に投じ、また渡米熱をあおったわけである。そのため片山のもとには渡米に関する問い合せが殺到したので、かれは明治三五年春健康が回復して再び活動を始めるにあたって、「渡米協会」を作った。協会は「渡米せよ、渡米せよ、本会は此の声を実行せんが為に起る」とうたい、次のような会則の下に活動した。

第二条　目的　本会は渡米を奨励するを以て目的とす

第四条　会員　「労働世界」直接購買者は会員たる事を得

第五条　事業　渡米希望者の質問に答へ、相談に応じ、又渡米者に忠告を与へ且紹介の労を執るべし

第六条　報告　本会は労働世界を以て会務を報告す

そして「本会に関するすべての通信は神田区三崎町三の一片山潜へ宛てらるべし」とされていたのである。ここで注目されるのは、渡米および渡米協会自体が『労働世界』と結びついている点である。そこには『労働世界』を渡米協会と結びつけることによって、その購読者を増し、経営を安定させると同時に、これによって労働問題や社会主義に対する啓蒙活動をも行なえば、一挙両得だという計算もあったであろう。それにしても社会主義や労働運動と渡米奨励とは、水と油のごとくである。片山は『労働世界』の中で、否、かれ自身の中で、その二つをどう理解していたのであろうか。

片山は『渡米案内』の冒頭に渡米の意義を論じ、「固より日本の国土は小なりと雖も、而も四千万乃至五千万の国民を容るゝの土地これ無きに非ず」とし、次のように記した。

「海外に移住若くは出稼するは即ち国に忠義を尽すものなり、然り吾人の考えを以てすれば、我日本国民が、国を去つて遠く万里の波濤を犯し、以て他郷に入り、外国に於て一事業

を企て、一身の経済を立つると云ふことは、これ国民として最も忠君愛国と云ふべきものたることを信ずるものなり」（四―五頁）。

これは渡米志望者に対する呼びかけとして、多少割引きして考慮すべきであろうが、なお、片山におけるナショナリズムを見出すことができる。片山は――片山ばかりでなく当時の社会主義者はほとんどそうであったが――日本の国体や憲法に対して、まったく疑念を抱いていなかったから、すなおに忠君愛国を説くことができたのである。

だが、片山が渡米奨励に力を傾けたのには、より立ち入った理論的かつ実際的な根拠が存した。かれは「渡米協会」を起すに当って、「人口増加と労働者」（『日本人』明三五・三・二〇）と題する一文を書いたが、その中でこう論じている。自分は固よりマルサスの人口論を信ずるものではない、それが誤謬であることは証明済みであるが、他面、人口増加に伴う弊害も之を看過することはできない。その弊害とは何か。

「人口増加に依つて利益する者は資本家なり、地主なり、而して困難を感ずる者は大多数の細民なり、労働者なり、細民労働者は、人口増加に依つて其競争を増加し、賃銀は従つて減少し、物価は却つて騰貴すべし。」

小作人にとっては小作希望者の増加に伴う競争の激化によって小作料が騰貴し、農村で生活できなくなったものが都市に流出することによって、競争の激化をもたらし、賃銀を下落させる。これによって利するのは地主および資本家だ、と言うのである。ここに明らかなように片山は人口論の中に階級関係をもちこむことによって、マルサスを克服しながら、人口問題の社会問題としての重大性を階級的視点から説いたのである。これは日本における人口論としても注目すべきものである。ところで、このような人口問題の理解に立って、かれは日本の人口政策を批判する。その論点もまた一貫して階級的視点に立っていた。

「我邦の人口増加に対する制度は、全然資本家制度なりと云ふを憚らざるなり、何が故に斯く云ふや、看よ海外旅行を不自由ならしめて国民中有為の青年が外国へ行くを禁ず、其自由移民を禁じて移民会社の手に托す。」

このように移住を抑えるのは人口が過剰であることが、資本家にとって望ましいからである。

「我資本家的政府は、如何に細民労働者、及び小作人が困難するも、惨状に陥るも、更に意とする所なく、工場法を設けず、小作制度を発布せず、却って資本家及び地主を益する治安警察の如き悪法を作りて細民を圧制するなり。」

有為の青年が国内にとどまって、「資本家地主の餌とな」ることは、「一日も看過すべからざる」ことである。こう考えて片山は海外渡航を奨励するのである。これが「渡米協会」の真意であった。

しかし、片山は渡米が日本の人口問題の終局的な解決になると考えていたわけではない。かれは「人口増加と労働者」の一文を次の言葉で結んでいる。

「若夫れ人口増加に対する完全なる策はと問はゞ、吾人は社会主義を我農工商業に応用すべしと答へんのみ。」

片山においては、終局的な解決策としての社会主義と、現実的な当面の対策としての渡米奨励、という図式は、人口問題にかぎらず、あらゆる領域に見られる思考様式であり、行動の形態であった。前述した都市社会主義にしても、工場法制定運動に対する熱心にしても、すべてこのような観点から理解されなければならない。はじめに記したように、片山は決して抽象的な思惟に長じた人間ではなかった。かれはつねに「ヒューマニチーの大道」に導かれながら、現実の経験に教えられ、現実的な世界と離れることなく、活動を展開したのであり、「渡米協会」もそのような活動の一つとして作られたのである。片山の社会主義が次第に整理され、「社会改良と革命」や「貧富の戦争」のような主張が明らかになっていったとき、それとかれが当面の現実的課題に答えるべく論じたり、行動したりしたこととの間の距離が次第に大きくなっていき、しばしば一見矛盾するごとき言動や、事実矛盾するものが現われるが、片山の思想や行動は、この二つの緊張関係の中で展開されていくのであって、これを単に社会主義思想の後退と見たり、混乱と見たりするだけでは、かれを正しく理解する所以とはならないであろう。

ともあれ、片山は以後渡米奨励に少からぬ時間と労力をさいた。雑誌『労働世界』には「渡米案内欄」があって毎月渡米の事情を紹介し、「渡米協会」の例会は毎月片山の家で開かれた。明治三六年三月『労働世界』が『社会主義』と改題されてからは、それは「渡米協会機関誌」と明記されていたし、のみならず、『社会主義』は片山の渡米中の明治三八年一月からは『渡米雑誌』と改題されるに至った。片山においては社会主義の運動と渡米の奨励とは相携えて推し進められたのである。それゆえに、『渡米雑誌』が社会主義をすてて、渡米一本槍となった時、片山はこれと関係を断ったのであり、明治四〇年六月『社会新聞』を発刊した時、「久しく機関を失ひたる渡米協会は今度社会新聞が発刊さるゝに依り、其一部を借りて旧来の会員の消息を報じ、併せて新会員の紹介をなさんと欲す」（明四〇・六・二）として、これを協会の機関紙として活用したのであるが、当時、移民問題が日本の大問題となったのに刺戟されて、片山はさらに同年一一月には雑誌『渡米』を発刊した。

「渡米！　是れ我青年が一度は決行せんと欲する希望なり。渡米が我多数の青年に取りて好個の活動なり、立志の基礎を建設するに向つて屈強なる事業なり」（「発刊の辞」）。

だが、明治四一年に至って政府の方針が渡米を厳重に取り締ることとなったため、片山が力を注いだ渡米奨励の事業もまた不振に陥り、雑誌は廃刊のやむなきに至った。

二　万国社会党大会

休む暇のない活動と、貧乏生活の労苦と、家庭の不幸と、同志の離反、こうした重荷のために心身つかれはてた片山は、明治三六年一二月末、横浜を発ってアメリカに向った。これより先、一二月二〇日、社会主義協会はこの永年の斗士の行を壮んにするため、送別会を開いた。会する者四十余名。木下尚江がこれまでの片山の功績を讃えて送別の辞を述べたのに答えて、片山は自己の所信をこう語った。

「私が外国に参るべく志しましたは明三七年八月、ホルランドのアムステルダムにて、同主義者の万国大会に列するのが目的で、其早目に参りますは……私の紹介に依りて渡航したものも沢山に成りましたから、之等を綜合するの必要をも感じましたのです。且つ私が米国に在りまして、二、三の大学校に修学いたしましたに就ては各地に友人を持つて居ります。之を尋ねて社会主義上の連絡を謀る見込にて、旁早く米国に参る事に致しました」(「告別の辞」『社会主義』明三七・一・一八)。

かれはこの静養の機会を積極的に運動の前進の契機としようと欲したのである。かれは自分の心境を、人は死ぬまで進歩を続けなければならない、今日までもずいぶん労苦艱難があったが、「世の中に必要なる事業ありて、誰もが為し得ざる時に之を為すべきを自分の義務とする」というのが自分の信条であり、今後さらに社会主義のために労苦を重ね得ることを感謝する、と語っている。かれは国内で困難に陥っている運動に対し、国際的連絡の中で新たな展開の契機をつかみたいと考えた。

片山は一月一六日にシャトル上陸後、直ちにその地の社会党本部を訪ねて連絡をとり、かつての社会民主党の同志河上清の助力をえて一九日、日本人会堂で社会主義演説会を開いた。片山は「先ず日本労働者の状態を述べ、非戦論に及び、終りに在留日本人が社会党を組織して北米人と一致し日本の勢力を大陸に布殖するの必要を論じ」（片山「米国だより第四信」『社会主義』明三七・三・三）たが、当夜社会党組織に賛同せる者八人、河上清が尽力し、シャトル「日本人社会党」の結成を見るに至った。その後、ポートランド、サクラメントでも社会主義の演説会を開いた後、サンフランシスコ、オークランド、ロスアンジェルスではそれぞれ日本人社会党支部の成立をみたのである。片山はサンフランシスコでは、二一年前はじめてその地を踏んだとき、「一人の友人の頼るべきものもな」く、「只働きながら学問を為さんと欲せし外、他に何らの目的をも有」しなかったことを振り返り、再度の渡米の感慨をこう記した。

「然るに今や再び此の地に来るに及んでは、確乎たる目的あり、又幸にして其日より桂庵の戸口に立つの必要も無し、且つ日本人中に多数の友人を有するのみならず、至る処に於て、社会主義の下に、人種と国家の区別なく親友を得ることは愉快此上なきなり」(「米国だより第七信」『社会主義』明三七・四・三)。

日本人の友人といわれているものの多数は、渡米協会の世話になって渡米した人々であり、『労働世界』や『社会主義』によって、社会主義運動にも多少の関心をもっていたのである。これらの人々を「綜合」するのが、片山渡米の一つの目的であった。

片山はロスアンジェルスから二月中旬テキサス州ヒューストンに行き、そこに四月まで留った。「私は太陽のさん然たるアメリカ南部で愉快な日を送つてゐます。私の神経病はもう殆んど恢復し、遠からず全恢するものと思ひます。テキサスに来て以来、講演に追ひ廻されましたが、米作についても色々見学しました」(“Comrade Katayama's Movement in America”『社会主義』明三七・五・三)。

片山はシャトル以来アメリカ社会党との連絡にも心がけてき、ヒューストンでの講演も主としてアメリカ人社会主義者に向ってなしたものであるが、五月一日には、シカゴで開かれた米国社会党大会に招待されて、これに出席して盛大な歓迎をうけた。この感激を「有ゆる国、有ゆる人種と一堂に会し同一主義の為めに議し候事如何にも愉快に不堪候」(「米国だより第九信」『社会主義』明三七・七・三)と報じている。

その頃、セントルイスで博覧会が開かれ、日本ハウスもその中に設けられていたので、片山はそこの氷とアイスクリームの店で働くべくセントルイスに赴き、労働しながら「折々社会党の為めに演説」し、「中々多忙」であった。七月にはウィスコンシン州ミルウォーキーの社会党大運動会で一場の演説を試みたが、この会は毎年著名な社会主義者を呼んで弁士としてきたもので、片山が「会の演説者として招待されたことは日本社会党諸氏の名誉を代表」(「米国だより第十一信」『社会主義』明三七・八・三)するものであったが、片山自身にとっても非常な名誉であった。

八月二日ニューヨークを発ち、一二日アムステルダムにつき、一三日万国社会党ビューローの委員会に出席した。片山は万国社会党(第二インター)が一九〇〇年の第五回大会で、各国代表二名をもってビューローを構成することを決議したとき、安部磯雄と並んでその本部員となった。「爾来万国社会党の運動に直接関係を有し」(「社会主義鄙見」前出)たのであるが、実際に各国の指導的社会主義者と会して、かれは深く感ずるものがあった。

「小生始めて万国の社会党員にして兼ねてより名声を耳にせる人々に面会したり、彼等皆中年以上の人々、多くは白髪の老体、苦戦奮闘の痕跡躍如として其面貌に顕はる、其の多くは相知れる人々なりと見え再会を喜びて互に相祝せる状態恍として暫次快感に打たれ候」(片山「万国社会党大会」『社会主義』明三七・一〇・三)。

大会は二五ヵ国の代表四五五人を集めて、翌一四日から開かれた。

これより先、片山がアメリカに渡って間もなく、二月には風雲急であった日露が戦争に突入した。片山は「今や日露戦争は我同胞を苦しむること甚しかるべし、而して社会主義者の声は聞かれざるべし、然れども亦最も高声に且つ熱心に叫ばざるべからず、労働者の父兄姉妹は貧困に苦しみて其の糊口にすら堪へざるを忘るべからず」(「米国だより第七信」明三七・四・三)と書き送り、International Socialist Review の編輯者の依頼で書いた "Attitude of Japanese Socialists Toward Present War" (一九〇四年三月)の中でも、「両国労働者階級が、戦争の真の結果をさとり、すべての戦争の原因である資本主義政府に反対してともに結集することをつよく希望」したのである。かれの戦争観も人口問題の場合と同じく、階級社会観のうえに立っていたのである。このような状況と見解を背景に片山はこの第六回万国社会党大会にのぞんだ。大会はオランダの社会主義者ヴァン・コールを議長とし、交戦中の日本とロシアの代表者片山とプレハーノフを副議長として開かれ、この二人が握手するという感激の場面を現出し、言語の不通からとかくだれがちの議場を興奮の渦にまきこんだ（D. De Leon "Flashlights on the Amsterdam Congress," 1906, pp. 42-3）。この時の模様を片山は次のように報じている。

「〔議長は〕万国の労働者が一室に相会同し四海皆兄弟の実を挙ぐる事を述べ、殊に現敵国なる日露人プレカーノフ及片山の両氏が此会の副会長となり、共に人類の為めに万国平和の為めに一室に会するのは此の上なき快事にあらずやとの言下に、小生とプレカーノフ氏と会長の前にて握手し、露国人と日本人は友人なることを公表せしに、満堂の拍手喝采数分間に及び一旦我等は席に復したれども会衆は尚も拍手喝采を続けたるを以て、我々は再び立つて握手し以て満堂の激賛に報ゆ、翌日は欧州全土に於ける各新聞は頗る喫驚し社会主義の下には日露の敵国人が公衆の前にて握手し其同胞の友なるを表白するの力ありやなど賛評せり、一時は各国民の談柄と相成りたる由」(「万国社会党大会」同上)。

それは片山の単なる自画自賛ではない。これによって片山の名は永く欧米の社会主義者の間に印象づけられることとなったのである。

大会の最大の問題は、ブルジョワ内閣に入閣してこれに協力することが正しいかどうかに関する戦略論争であった。これより先フランス社会党のミルランは、ドレフュス事件による共和制の危機に直面して、共和制擁護のためブルジョワ内閣に入閣したが、これが第五回万国社会党大会で大問題となり、ベーベルを指導者とするドイツ社会民主党はドレスデンの会議で、ブルジョワ政府の政策、政治に社会党が責任をもつことに絶対反対を議決し、この大会でもミルランを支持するフランスのジョーレスらと対立していた。片山は、「日本にても労働問題に於て社会問題に於て、社会改良家と社会主義者とは常に相反対の地位に立」ってきたという「過去に徴して」(「万国社会党大会」)ドレスデン決議に賛成し、これに票を投じた。投票の結果、二五対五の多数でドレスデン決議が通過した。

片山は「兼てより改良派に反対して過去十年間戦ひ来りし歴史もあり」(同上)ドレスデン決議に賛成したと言っているが、片山が明治三二年以降反対してきた日本の改良派は労資協調論であるのに対し、ジョーレス派といえども、片山も認めているように「階級闘争を認」めていたのであって、日本の改良派と比すべくもない。しかも片山は都市社会主義を信奉し、人口問題の解決として渡米も奨励し、現実問題では「社会改良を先に」(同上)する点ではジョーレス派と異なるところはなかったはずである。ただ、片山は性格的に妥協的態度を好まなかったうえ、政府のはげしい弾圧の中で戦わねばならない日本の社会主義運動の状況に鑑みて、政府と協力することを認めるジョーレス派の主張や、緊急な例外的場合にはこれを認めようとする妥協案に賛成することができなかった、と考えねばならぬであろう。なお後年かれはこの点にふれて次のように述べている。

「穏和派の運動は自然八方美人的に流れ往々主義を曲げることあり、されば彼の徹頭徹尾自己の主義に依り事を断行せんと欲する人々より見れば余りに心地宜らず、又彼の修正派の運動の鈍ると同時に其態度を体裁よく又資本家側に世辞をふりまく等の行動よりして自然労働者に好まれず、工場に於ても資本家の利益と便利を計り、結局穏和派といひながらも極めて曖昧の態度を執りつゝありき」(一二三頁)。

権力と妥協した穏和派の危険をかれは恐れていたわけである。

ともあれ、この大会は片山にとって「壮絶快絶言語之を伝ふる言葉なく、文章も之を表はすに文字無きやに感ぜられ、小生の経験の最初のもの」(同上)であった。片山は言葉の上では知っていた社会主義運動の国際的連帯性を、身をもって体験したのである。この感銘はその後片山の社会主義運動を支える大きな力となった。アメリカで一一年を過し、日本人としては国際的感覚をもっていた片山は、この経験を通じていよいよはっきりとインターナショナリズムを身につけたのである。片山はその後自らの社会主義をつねに万国社会党の方針に則るものとして、直接行動論等を非難し、またその批判に答えたが、帰国後、明治四〇年秋いよいよ腰を落ちつけて社会主義運動を再開するに当って自己の戦略を確認し、その立場を明らかにするため、『万国社会党』一巻を書いて世に訴えたのである。

三　テキサスの農場経営

片山は帰途ニューヨークに数日を過ごし、九月中旬セントルイスに帰ったが、四〇日前と異なり日本村は寂漠をきわめていたので、雑用や見物に一月を送り、一〇月中旬再びヒューストンンに戻った。ヒューストンにはかれの同県人の岡崎常吉がレストランを開いており、前述したように、三七年春も、片山はここで働いたのであるが、今回もそこを根拠地とし、前回滞在のおり視察しておいた農場経営を、岡崎と共同で実行しようと考えたのである。これより先、外務省は日本人移民の職業として米作が適しているとの見解にもとづいて、アメリカ南部の米作地帯テキサスに注目したが、アメリカ側もこれに乗り気であることが、日本の新聞に報ぜられ、一九〇三年（明治三六年）秋、衆議院議員で同志社の社長もした西原《さいはら》清東や時事新報の記者であった大西理平らが来って開墾に従事した。当時、時事新報や東洋経済新報はテキサスの米作が有利であることを説いて、盛んに移住を奨励した。片山もまたそのような開拓事業の一端に参加したわけである。一一月、片山は日本の一友人に近況を報じて次のように伝えている。

「小生は当地ヲルデーンと申すヒューストン市を去る十三英里の一小村に数町歩の土地をトし、鍬を握りて地を耕し、斧を持つて木を伐り、以て精気を養ひ、其閑暇を以て著作に従事致す事に決し候間、当分は此曠漠たる原野に蟄居致し、多年の激労を医し、他日再び貴下等の後に附し、斯主義の為め、尽力致す心算に有之候、当地にありても労働者の為め、社会主義の為めには充分尽力致す心組に候」（「片山潜氏より」『直言』明三八・三・五）。

春になると農場の仕事は忙しくなった。「当春帰朝の予定なりしも計画の事業其の緒に就き寸暇も手離し難きより、洋々たる望の中又主義の為に研鑽す」(『渡米雑誌』明三八・四・三)、という状況で、日本では弾圧のため『平民新聞』が廃刊となり、その後継紙となった『直言』も出版不能となったうえ、幸徳は入獄して健康を害し、西川も入獄し、平民社はついに維持不可能となって解散の余儀ない状態にあり、日本の同志が悪戦苦闘しているとき、片山はテキサスの農場経営に余念なかった。この年の秋テキサスの日本人農業を視察した河上清は、片山についてこう記している ("Japanese on American Farms", The Independent, Oct. 26, 1905)。

「片山がテキサスに米作地を求めて再び米国に来たのは、昨年始めの事であった。アムステルダムの万国社会党大会に日本の同志を代表して出席した後アメリカに戻り、片山は遂にオルダインに数百エーカーの米作地を購入した。筆者がかれに日本での労働運動は断念してしまったのかと問うと、かれは断然ノーと答えた。

『私は七年間絶え間なく働いて疲れ切つており、静かに休養をとる必要がある。その上、国中が誤った戦勝の光栄に酔っている時、社会主義を説いても何の役に立つだろうか。日本を去って以来、最も著名な私の同志たちは、戦争反対の声をあげたために獄につながれている。戦争に伴うこの気狂い沙汰が静まり、私の元気も恢復したら、国に帰ってまた社会主義の旗をかかげて同志に合流するつもりだ。』」

片山は一二月サンフランシスコで滞米中の幸徳にあい、一月中旬日本に帰ってきた。だがそれは「社会主義の旗をかかげて」運動するためではなかった。かれは資金を調達して米作事業を本格化しようとしたのである。この間の事情を親友岩崎清七は次のように記している。

「ヒューストン市にレストランを開いて居た岡崎と云ふ人と共に、一万エーカーの地所を買う約束をして帰つて来て、其の事業の有利有望なことを力説するのであつた。そして其の経営には二十万円を要するので、私は夫れを知己友人に謀り、自分が中心となつて資金を調達し、再び両人を米国に派遣した」（「伯林に在て旧友片山潜に寄せて懐を述ぶ」岩崎『欧米遊蹤』所収）。

片山の生活を何くれとなく配慮していた岩崎は、「この事業を彼の使命とさせ」社会主義運動から足を洗わせたいと思った。明治の社会主義者はたいていパトロンをもっていた。幸徳に対する小泉三申のごときは最もよく知られた例である。社会主義者たちが貧乏と圧迫のため身動きできなくなると、パトロンたちはその窮状を何とか救ってくれたのである。岩崎はそのような意味で片山のパトロンであった。岩崎のパトロンぶりはかれ自身の記するところによれば次のようなものであった。社会主義運動をやめろという岩崎の勧告を承諾して、「其後友人三人と三光商会なる合資会社を作つて外国から最初の蓄音器輸入を企て、商売人となる事になつた。然し彼には全く柄に合わぬ仕事であり、又段々輸入が有望になるに随ひ、組合の他の二人は、片山が仲間としての必要を余り認めなくなつた。そこで、彼は千何百円かを貰つて、退社してしまつた」*（岩崎、同上）。こうして片山を実業家にしようとする岩崎の最初の計画は失敗した。またアムステルダム大会への出席についてこう記している。「私の所へどういふ計算であるか五百八十弗呉れと云つて来た。私も当時貧乏して苦しい時代であつたので、そんな馬鹿な事が出来るかと思ひ、やらない積りでゐた。すると手紙の度毎に熱烈な文章で頼んで来た。多少同情を起して、彼も行かなかつたならば主義者としての面目もつぶれるであろうし、且つは切角日本の代表者となれば男となれるし、同じ世話をしてやるならば、実業家に仕上げるよりり、此方が或は早途かも知れないと考へ、六百弗か七百弗を都合してやつた」（岩崎「旧友片山潜を語る」『経済往来』昭和八年一二月）。農業経営についても同様の関係であった。警察記録は

「岩崎清七等と大日本興農株式会社を創立し同社の用務を帯び同年七月渡米」となっている。

「其の時片山を専務とすると共に、社会主義的公人生活は絶対に中止の確約をさせて、出発せしめたのである。然るに其の事業の途中から、彼は米国の社会主義者は素より、世界中の同主義者と交通を重ね、仕事の方は次第に閑却され勝ちになつた。且つ米国州法では、日本人の会社は土地の所有が禁ぜられ、過半数の米人より成る会社でなければ、土地の所有権を登記することが出来ないのである。片山は単なる形式上とは云ひながら、同主義の人の名を借り、土地会社を造り、其れ等の人々を重役とし特に会社の土地を新会社の名義で登記の手続きを取らんとしたのであつた。その事を知つた岡崎は吃驚して……片山と別れて日本に帰つて来た。右の話を聞いて私は直ちに岡崎の言を用ひて不得止会社を解散することにし、片山も日本に呼び戻した」（岩崎「伯林に在て旧友片山潜に寄せて懐を述ぶ」）。**

片山は「甚だ憤慨し」、「アメリカの主義者に対し面目を潰し」（岩崎「旧友片山潜を語る」）もしたが、農場経営の一件はこうしてかれの国際的な交友関係のゆえに失敗に終り、片山は再び日本の社会主義運動の中に、万国社会党の方針を旗印として現われることになった。

＊　岩崎の追憶は次に引用する「旧友片山潜を語る」を含めて、年代がひどく混乱している。三光社に関係したのを電車事件後としているが、蓄音器が日本に入ったのは日清戦争後であり、三光社の広告は明治三三年秋以後『労働世界』に見られるので、その頃のことと思われる。

＊＊　桑港の日本人新聞『新世界』は明治三九年九月岡崎常吉が二〇余名の農民を連れて、桑港に到着した旨報じているが（明三九・九・七）、岡繁樹氏の談によれば、この二〇余名は契約移民の疑いありとして、移民官により解散させられ、農業労働者の導入計画は失敗した。この計画の齟齬から岡崎は片山との関係が面白くなくなったといわれる。

第五章　社会主義の火を点して

一　分派の発生

明治三九年一月日本に帰ったのは、社会主義運動のためではなかったと記したが、七月かさねて渡米するまでの半年間も、片山は社会主義の運動を休止したわけではない。西園寺内閣になって多少の政治的・思想的な自由が認められるのを見てとって、社会主義者たちは日本社会党を組織し、二月二四日木挽町の加藤病院で第一回大会を開き、党則を討議し、評議員の選挙を行なった。会する者三五名、片山も社会民主党以来の関係で、喜んでこれに参加した。選挙の結果、堺、西川、加藤らと並んで片山も評議員に選ばれ、二七日の評議員会で「本党は国法の範囲内に於て社会主義を主張す」以下九条の党則を定め、党本部を神田区三崎町三丁目一番地に置くこととした。

社会党結党後間もなく、片山は機関紙『光』に次のように書いた。

「日本の労働者は政権を有せず、されども古来の歴史に徴するに大戦争後国家が国民に向つて為す報酬は常に民権自由の拡張にてありたれば、選挙権の拡張は戦勝後の日本労働者が獲得すべき者なるや明かなり」（「労働者の前途」明三九・三・二〇）。

片山が労働問題解決の途として普通選挙を主張したことは前述したが、ヨーロッパにおいて社会主義政党が議会に大きな勢力を占め、それによって社会的影響力をもっているのを見てきて以来、かれは一層普通選挙と議会主義の意義に確信をもつようになったのである。ところでこの頃から、かれの社会主義論はひとつの特色ある主張で彩られるようになった。日本では市民的権利が絶対主義的国家権力によって、容易に制限されたが、たとえば、所有権が法律によって制限されるのを、片山は社会主義の実現と見たのである。「数年前名古屋裁判所にてなしたる自由廃業者に対する判決例の結果、全国貸座敷業者の財産を過半失はしめた」し、「近くは我電話局が一片の布告を以て未設電話の売買を禁じ、必要以上の電話を所有すべからざること」とした結果、「一個の財産たりし電話は殆んど其の価格を失」ったように、「我国に於ては財産権殊に所有権は薄弱」であり、しかも、「財産権、所有権は全然法律を以て生じ又消滅する」のであるが、

「斯の法律の構成は人民多数の意向に依て決定さるゝは、我憲法の証明する所也、是れ吾人が国体より観察し又過去の実例によつて『日本に社会主義を実行すること安し』といふ所以なりとす」（「日本に社会主義を行ふこと安し」『光』明三九・七・二〇）。

と解した。このような議会政策は「是れ万国の労働者の政策」（片山「帝国憲法と社会主義」『社会新聞』明四三・一〇・一五）と考えられて、日露戦争後から大正三年渡米後サンフランシスコ滞在時代に至るまで、片山の社会主義の基本的特色となった。四三年に『社会新聞』に書いた「帝国憲法と社会主義」においても、帝国憲法は臣民の権利義務を法律で定めることになっている。その法律は議会の協賛を経なければならぬ、その議会政治は結局政党内閣でなければうまくいかぬが、憲法はこの政党内閣を禁じていない、それゆえ、多数党となって政界の牛耳をとれば、憲法の下において立派に社会主義の政策を実行できる、と論じ、さらに一歩を進めて次のように主張した。

「斯の如く我帝国憲法は議会政策の実行に向つては完全無欠である。……欧米人は個人の権利を憲法よりも勢力ある者として居るのである。故に世の進歩に連れて適当なる法律を制定して社会の改良を為して行くことは極めて困難である。然るに日本の帝国憲法は斯る困難は更にない。総べての権利は人権と財産即ち所有権を問はず皆な悉く法律を以て規定さるゝものである。」

この論旨は明治三九年の「日本に社会主義を行ふこと安し」とまったく一致している。片山は「是れ実に吾等が多年の間『労働世界』、『社会主義』及本紙『社会新聞』の紙上に発表し説明した所の政策である」（「帝国憲法と社会主義」）と記しているが、普通選挙はともあれ、帝国憲法の論点は三九年帰国以後積極的に主張された新たな論点であった。このようなきわめてマイルドで楽観的な論点が新たに導入されたのは、前述したようなヨーロッパにおける社会党の議会主義政策もさることながら、日本国内の社会主義運動の状況と深く関連していた。日露戦争中からの相次ぐはげしい弾圧に対して、社会主義者たちの多くは気分的に次第に急進化していたのである。片山が「日本に社会主義を行ふこと安し」を書いた三九年七月といえば、すでに幸徳秋水が「一波万波」（『光』明三九・三・二〇）において「革命は来れり、革命は初まれり」と記し、「世界革命運動の潮流」（『光』明三九・七・五）では「戦後の日本における社会党同志諸君は今後果して如何の手段方策に依て進む可き乎。革命の運動乎、議会の政策乎、多数労働者の団結を先にすべき乎、選挙場裡の勝利を目的とすべき乎」と無政府主義を唱道し始めていた。そして「多くの青年の中には、革命を遂行するためではなく、自らがより革命的であることに満足するために、威勢のよい直接行動論に左担」(荒畑寒村『日本社会主義運動史』二〇一頁)するものが次第に多くなった。その時、万国社会党大会で硬派の主張に賛成した片山は、このような潮流に抗して、「国体より観察し」「日本に社会主義を行ふこと安し」という、権力に対しきわめて楽観的な議会主義を主張したのである。

テキサスの農場計画が失敗に帰した片山は、「議会主義か直接行動か」で幸徳と田添鉄二との間に大論戦が行なわれた社会党第二回大会の直後の四〇年二月一九日に、日本に帰って来た。片山が帰国した数日後には、大会で党則第一条を「本党は社会主義の実行を目的とす」と改めたことが直接の原因となって、社会党は結社を禁止されてしまった。このような状況の中で帰朝直後の片山は、労働者が無政府主義の直接行動論に影響されることを恐れ、「労働者諸君に告ぐ」(『平民新聞』明四〇・三・五)の一文を草した。

「吾人は諸君が一層注意して軽挙暴動に出ぬよう、而も文明の職工労働者たるに恥ぢざるよう、大に社会の大勢を研究して文明的行為に出でんことを渇望して止まざるなり、軌道をハヅレたる汽鑵車は決して進行して目的地に達せざるべし、先づ組合を組織して文明の手段に依つて進行を計るべし。団結は勢力なり。……ストライキ是れ或る場合には必要なるも決して容易に行ふべき物にあらず。君子は戦はず、戦へば必ず勝つ。勝算なくして戦ふは愚の極なり。」

この一文は、かれが最も信頼した同志である永岡鶴蔵や南助松を指導者とする「大日本労働至誠会」の影響下におきた、足尾銅山暴動の直後に書かれたものであることを、考慮する必要はあるであろう。だがそれにしても、かれの論点は明らかに三一、二年ころの主張へ後戻りしている。片山は社会主義運動の中に影響力をましつつある無政府主義の直接行動に絶対反対であり、その影響が労働運動に波及することを恐れたのである。組織なく、団結の勢力なくして、ストライキを奨励するのは、労働者を危地に陥れるものであり、社会主義運動を混乱させるものと思われた。しかしながら同時に、かれが『我社会主義』に展開した「社会的革命」論も決して棄て去ったわけではない。日刊『平民新聞』にのったかれに対する批判に答えて、「小生の社会主義に対する政策は拙著『我社会主義』中、第十三章より第十六章までと同二十八章に聊か記載致置候間御暇もあらば御一覧を願度候」(「一労働者に答ふ」『平民新聞』明四〇・三・八)と記している。十三章以下は社会主義への変革を論じた箇所であり、二八章は「社会的革命」の章である。前述したごとく片山の社会主義論の構造は理念と現実的政策との緊張と混淆の関係から成り立っているわけであるが、日露戦争以降の内外の諸情勢の下において、現実的政策の方へ強調点の移動が生じたわけなのである。しかしそれは当時の同志たちによってさえ充分理解されなかった。そのためにかれは社会主義の軟派というレッテルをはられたのである。

無政府主義と議会主義の対立は徐々にはげしくなっていった。片山は『平民新聞』が四月廃刊になって以後社会主義の機関紙のないのを憂え、議会政策に賛成する田添および西川と、四〇年六月、日本社会主義中央機関と銘うった週刊『社会新聞』を発刊したが、これに引き続いて、直接行動論に立つ人々を中心とする『大阪平民新聞』が発刊され、両者相対する形勢となった。それでも同年八月上旬には両派共催で九段のユニバーサリスト教会を会場として「社会主義夏季講習会」が開かれたが、これは却って議会主義と直接行動、いわゆる軟派と硬派の対立を明らかにする結果におわった。そのような事情から八月末、片山を中心に『社会新聞』派は、「社会主義同志会」を組織し、毎日曜日夜社会主義研究会を開いた。これに対し『大阪平民新聞』派の在京者、堺、幸徳、山川らは直ちに「金曜講演会」を作って対抗した。このような状況に対し、片山は「社会主義鄙見」(『社会新聞』明四〇・九・八〜一五)を書いて事の経緯と自己の立場を次のように明らかにした。

「本紙の愈々発行さるゝや、敬友堺君は一夜我社会主義研究会席場にて分派論をなし、余等を擬するに軟派を以てし、ジョーレス派の傾向を帯ぶと云はる、余は不審に思ひたるも敢て意とせざりき、如何となれば余の社会党に対する地位は明確なり、未だ一点も変更せしを記憶せず、万国の社会党員の間に余の立場は明知され居ればなり。余は未だ曾つて万国社会党の綱領宣言に異なる主張をなしたる事なし。政治運動即ち立法及議会政策を排する者は、口は社会主義と云ふも其信奉主張は無政府主義なり、政治団体を排斥する者は万国社会党員にあらず、彼若し自ら社会主義者なりと自称するも万国社会党員は彼を同志と認めざるなり、余は社会主義の実行を期せんが為めに議会政策を主張し、先づ普通選挙権を得んことに努めんと欲す、是万国の主義者が以て最良の社会主義実行手段となし、経験したる所なればなり、又我邦労働者の状態に照して最良手段なるを信ずればなり。」

かれは日本の無政府主義者が自らを硬派と称し、万国社会党の方針の上に立つ議会政策論者＝社会主義者を軟派と呼び、それにもとづいて第六回万国社会党大会でドレスデン決議に賛成した自分をも軟派と蔑めるのは、大変な見当違いだと主張したのである。ともあれこのような両派の対立は殊に地方の社会主義者をひどく混乱させ、困惑させた。片山は事ここに至れば黒白を明白にするほかないと考え、「自然の結果」(『社会新聞』明四〇・一一・一七)と題する一文を発表した。

「幸徳兄今日の立場は明かに無政府主義者の立場なり、クロポトキンの自由共産主義を奉じ直接行動を以つて今後の運動方針と為さんとは曾て幸徳兄の予に断言したる所なり。堺兄は幸徳兄との友誼的関係より八分迄は無政府主義者になれるが如し、此如く無政府主義者なる幸徳兄と準無政府主義者なる堺兄と社会主義者なる予と説の合致する理由なし。吾人社会主義者は社会の進化を信ず。然り進化は吾人の生命なり。社会主義者の議論と所説亦進化するあるべし、然れども豹変は我党の執らざる所なり、十年執り来りたる社会主義を捨てゝ無政府主義に変化したる者と所見を異にするは無理もなし。予が幸徳兄と別るゝは友情に於て忍びざるものあるも主義に於て止を得ず。」

かれは「無政府主義の政策手段には絶対的反対」なるがゆえに、「主義に於て」「両兄等と一切の関係を絶つ」ことを宣言したのである。

片山の出所進退は感情を乗りこえて、冷静に、あるいは冷酷に、「主義に於て」行なわれた。それは多感な社会主義者たちには理論としては納得できても、実感としては不人情で冷く感ぜられ、反撥さえ感ぜしめるものがあった。こうした意志の疎通の欠如から、四一年二月には西川を中心とする在京の同志会員の多数によって、片山が同志会から除名されるという事件が生じた。西川らは永年の同志である直接行動派との対立抗争に情において忍びないものがあったのを、片山が「主義に依て動く、主義に依て離合す」(片山「自然の結果のみ」『社会新聞』明四一・三・一)の態度をとって動かないのにかえって反撥した結果であった。こうして片山は頼む同志は田添一人という状況になったが、その田添も肺患が嵩じ、四一年三月には貧窮の中に世を去ったのである。片山は残ったわずかな同志と、『社会新聞』を守って奮闘しなければならなかった。そうなった時、一つのことが際立ってきた。それは片山の後について来たのは、すべて労働者型の人たちだったことである。直接行動派に若いインテリ的傾向の強い人が集まったのに対し、片山のまわりにはむずかしい議論を戦わさず、見ばえはしないが、こつこつと地味に運動するような人たちが残ったのである。

二　暗い谷間の中で

日露戦争以降、日本の社会主義運動において次第に無政府主義的直接行動論が支配的になっていく中で、片山が「帝国憲法の範囲」内での議会政策による社会民主々義を主張してやまなかったのは、三七年の万国社会党大会において、ヨーロッパの社会民主々義諸政党の勢力を眼の当りに見た感銘と、それにもとづく万国社会党の綱領・運動方針に対する信頼とが、心の支えとなっていたからであることは、否定すべくもない。かれが繰り返し万国社会党をもち出し、自己の運動方針が万国社会党のそれと一致することをもって、無政府主義者の攻撃を防戦したのも、明治四〇年秋『万国社会党』を書いて出版したのも、そのためであった。しかしながら、かれが議会主義に固執し、軟派と非難されながらも、帝国憲法のゆえに、「日本に社会主義を行ふこと安し」と主張したのには、万国社会党という外的権威だけではなく、片山の社会主義運動の基本的性格に根ざす内的要請が存したと言わねばならない。それは何よりもかれが運動の視点を労働者に向け、全関心を労働者の現状と将来とに集中していたということである。

かれが明治三六年末渡米に当って書いた一文は「海外渡航に当りて労働者諸君に告ぐ」（『社

会主義』明三六・一二・一八）であったし、その後も、「労働者諸君に告ぐ」（『渡米雑誌』明治三八年三月）、「労働者の前途」（『光』明三九・三・二〇）、「労働者の地位」（『光』明三九・五・二〇）を書いて労働者に語りかけ、四〇年二月以後『平民新聞』にのせたものも、「労働者諸君」（明四〇・二・一二）、「労働者諸君に告ぐ」（明四〇・三・五）、「一労働者に答ふ」（明四〇・三・八）、「労働問題の前途」（明四〇・三・一〇）と、ひたすら労働者に対して訴え続けたのである。これは社会主義運動からすればきわめて当然のごとくであって、しかも当時にあっては、片山の思考と運動の顕著な特色をなしていた。というのは、明治三三、四年以降、労働運動が衰退し社会主義運動がこれに代っていく過程で、運動の担い手は次第に労働者から知識階級の青年層を中心とするものに代ってゆき、頭では社会主義運動における労働者の重要性を考え、口では労働運動を説いても、運動の実体は現実の労働者とは無縁のものになっていったからである。当時のこのような社会主義運動の中心にいた山川均は、当時を顧みて「私は、二た口めには『労働者のために』と言い、『われわれ労働者が』などとも言った。しかし吾々の運動が、労働階級とどんなつながりがあるというのだろう。なんにもなかった。後を振りかえってみて、吾々の運動には、いったい何人の労働者がつづいて来ていたろうか。なんにもなかった。まだ初歩的なものだったにせよ、労働者の自覚が飛躍的に進んでいたことは、労働争議のうえにも現れていたが、吾々の運動は、それとは何のゆかりもない平行線でしかなかった。自分のやっていること すべてが、社会主義社会の実現に役だっている運動ではなくて、安価な――あるいは非常に高価な――自慰や自己陶酔にすぎないのではないかという疑問は、たえず私の頭をかすめていた」(山川「ある凡人の記録」四二〇頁)と記している。それは山川一人の矛盾ではなかった。このような運動に対するアンティ・テーゼこそが片山の議会主義であり、社会主義であった。かれは「労働者の自覚」と社会主義とを結びつけようと努力したのである。かれが日本の当面の労働問題は、「彼の欧米の政治家学者等が頭を悩ますも尚ほ解決に苦し」んでいる失業問題のような難問題ではなく、労働者に「団結と罷業の自由」を与えさえすればよいのであって、それこそが、「今日の問題」を解決する途だと主張した(「団結と罷業の自由」『社会新聞』明四〇・六・一六)のは、問題の難易に対するかれの評価が妥当かどうかは別として、社会主義を実現していっきょに社会問題を解決しようとする発想をとらず、団結権と罷業権という労働者の基本権を獲得するという第一歩から労働者を組織し、徐々に前進していこうとした意図を示すものであった。

片山は労働組合の壊滅してしまった中で、何とか労働者を組織しようとし、『社会新聞』の発刊と前後して、「労働奨励会」を作ったのもそのためであった。この会は「会員相互の親睦を計り、緩急相助け」ることを目的とし、「経済上の独立に努めるために特約販売店を設け、追々共同店を開く計画をもつていた点で、三〇年代初頭の労働運動の方針をつぐものであったが、他面、その手掛りとしては、親睦をあつくするため毎月演芸会を開き、労働者に高尚な娯楽を与えることに主力をおいた」(『労働奨励会』『社会新聞』明四〇・六・二)のは、明治三五、六年以降衰退期の労働組合の会合形式としてはそれが最も実際的だったからである。また同年六月末には、第二回社会党大会で議会主義を主張して幸徳と論戦した田添と連名で、日本社会平民党の結成を企て、その党則第三条に「憲法の範囲内に於て社会主義を主張」すると言い、さらに「労働者の当然享受すべき権利の拡張を図る」と定めたのも、かれの関心が労働者に注がれていたことの反映にほかならなかった。この社会平民党は治安警察法第八条に該当するものとして、直ちに結社を禁止されてしまった。軟派と呼ばれた議会主義の運動も困難であった。

議会主義の主張が普通選挙を基礎としていたことは言うまでもないが、日露戦争前普通選挙同盟会の幹事であった幸徳が、無政府主義者として普通選挙運動の意義を否定し、社会主義運動の大勢もこれに傾こうとした中で、片山は依然社会主義実現の前提として普通選挙を支持し、同盟会の幹事として尽力した。同盟会の運動は効を奏し、明治四四年三月には普選案はついに大多数をもって衆議院を通過したのであるが、貴族院は「かくの如き法案は、貴族院の門を入るを許さず」（穂積八束）と全員一致でこれを否決してしまった。そのうえ、大逆事件以後は、普選運動さえ著しく困難となり、ついに五月、政府の指示に従って同盟会は解散するのやむなきに至った。こうして普選に託した片山の労働者解放の望みも断たれたのである。

ところで、片山は毎週『社会新聞』を出し、社会主義研究会を開くという東京中心のこの運動を早急に地方に拡げる必要を感じ、「地方の同志にして旅費と宿泊費を支給さるゝに於ては、何時にても遊説のため出張す」る旨を『社会新聞』（明四〇・六・三〇）に報じたが、これがきっかけとなって、七月末、越後長岡に赴いて演説会を開くことになった。この演説会でもかれは「社会主義が日本の国体と合わざるかの如く思料し、為めに斯主義を排斥するものもあれど、社会主義の主張は日本憲法と抵触するものに非ず」（「越後長岡の遊説」『社会新聞』明四〇・七・二八）と論じている。その後、過労と心労のため片山の健康が許さなくなったので、遊説は一時中止したが、年が改まるとともに、西川らが東北から北海道に遊説に出たのに対し、片山は鈴木楯夫と共に、一月四日山梨県を皮切りに、静岡、愛知県下を遊説し、各地で演説会を開き、二六日帰京した。片山はこの遊説で社会主義に対する弾圧と無理解な批判が多い中で、「意外なる所に我同主義者の在る事を知り頗る意を強」（片山「東海道遊説雑感」『社会新聞』明四一・三・一）くし、運動の無意味でないことを感じた。

片山はこの遊説の効果に力をえ、ひき続き五月には鈴木、藤田貞二の三人で全国遊説に出発し、三重、奈良、大阪、京都、石川と廻ったが、ここでたちまち遊説とその効果の限界に突き当ってしまった。その事情を『社会新聞』は次のように報じている。

「吾等今回万難を蹴て全国遊説の途に上る、千辛万苦を踏破り書籍を売却して軍資を造り、三度の食事を二度に、二度のパンを一度に減ずるも、不撓不屈飽くまで全国遊説を決行する覚悟にて猛悪なる迫害も屈せず、恐れず、苦しき嚢中を絞りつゝ、三重奈良地方を占領し、尚も進んで大阪京都に突貫し、更に勇気を起して北陸に進入し、悪戦苦闘遂に石川県金沢まで突撃せり、然れども同志よ、茲に慨嘆堪ざることこそ出来したれ、何ぞ、弾丸の欠乏即ち是れなり。……出立以来演説会を開催したるは三重県四日市にて一回のみ、之れ一つは吾等の胆力乏しきに依ると雖も、政府の圧迫陰険なると、軍備の不整頓に依らずんばあらず」（「全国の同志に訴ふ」『社会新聞』明四一・六・一五）。

このような事情から「遊説にては到底主義伝道の望な」しとの結論に達し、「貴重な時間と多大なる運動費とを要する」（同上）遊説は一時中止することとした。こうして一時有望にみえた遊説もまた不可能となった。

警察の弾圧と財政の不如意は、遊説を不可能にしたのみではなかった。社会主義同志会は、西川らとの分裂が直接の契機となって、事実上解体してしまったし、田添の死後は社会主義研究会も継続不可能になっていた。片山は研究会に代えて毎週木曜夜社会主義演説会を三崎町の社会新聞社で開いたが、演説会は話が核心にふれると、必ず中止、解散となった。

「去る四日も午后七時より本社にて演説会を開き、来会者百余名、会場及び庭内に在りて意気頗る昇騰せり、警官は何時もの如く厳重に警戒せり、……片山潜氏進化と現代社会てふ題を以つて社会主義者の立場より失業者問題を痛切に論じ、歴史へ遡つて経済及社会進化の極社会主義の実行に達せんとする事を詳論し、現代社会主義を以つて実証せんとするや『中止』と共に解散！」（『社会新聞』明四一・六・一五）。

そのうえ、『社会新聞』の編輯、経営自体も次第に困難となっていった。編輯も片山一人でやらなければならぬことが多く、財政的にも行き詰って、四一年夏からは月刊となってしまった。四二年三月の編輯記には「社会新聞は既に数へ年三ツに生長せるも二才にしてコレラを病み非常なる苦痛を嘗め〔西川派の分離問題〕ヤット回復はしたもの丶外部の気候悪しく常に苦痛を感じたり、今や三ツ子となりたるも尚一人歩きを為さず、常に守を要し、余り脆弱なる子供故に熱心に守を為したる藤田及鈴木の両兄も疲労を覚へ今や転地療養に出掛け、社会新聞は再び老爺の膝下にありて栄養不良の為めにカスカの生命を維持するのみ」（明四二・三・一五）と記し、「併し余が命のある間は社会新聞は発行する決心である、余は過去三年間に余の持った銭は皆な投じた、今や働いて育てるの外はない」（同上）と自らの決意を述べたが、六月には新聞は月一回だが「一方にはパンの為めに日々働いて居るのであるから、下手な編輯でも容易なことではない」（明四二・六・一五）と重ねてその困難を記さなければならなかった。片山を中心とする運動も、もはや月一回『社会新聞』を発刊するのがせいぜいの状況であった。

このような状況で送った明治四二年を顧みて、片山は「社会主義の運動史上本年程沈睡せる年はない。我々社会主義は権力階級に圧迫せられて具体的に何もせぬ」（明四二・一二・一五）と運動の不振をなげくとともに、なお希望を「世界の大勢」につなぎ、「社会の進化は春季雪解けて草芽の下より発生するが如く、総てを排して勃興して居る、日本も亦此潮流の外に出る事なし。工場法も早晩出来、労働者も亦自覚すべし、僕等は失望落胆、逆境の一年を送るのであるが、前途は有望である」（同上）と記し、四三年の年頭には「我々主義者が生存している間は如何なる事情があつても、主義の為めてふ一事は忘れはせぬ、社会主義は僕の生命である、未だ一日も運動の為ぬ日はない」（明四三・一・一五）と不屈の決意を示した。

そのころ、かれのこうした希望と決意に応ずるがごとくに、政府は工場法制定に熱意を示し始めた。片山は四二年秋にも『社会新聞』に「工場法」（明四二・一〇・一五）を書いて、制定反対論の根拠のないことを論じ、同年議会に提出された法案に対しても、「眼子なき仏」「骨抜き鯑」と批評しながら、「無きに優る」とし（「労働者の為に工場法案を難ず」明四二・一二・二五）、政友会の反対で議案が撤回されると、「工場法案の撤回に就て労働者の決意を促す」（明四三・三・一五）一文を草し、「工場法期成同盟会」を組織し、「僕は今後工場法案を目標として労働運動を為す考であるから一層多忙である」（明四三・四・一五）旨を報じている。だが、「数次の修正を経る毎に法の精神は漸次埋没せられ、回を重ねるに従って案は益々劣悪たる者となり下」り、四三年末の議会に提出された工場法案は労働者の保護より、「関係工業者の便宜、利益を害せざらんことを是れ努め」（片山「工場法案を評す」『東洋経済新報』明四三・一一・五）る「頗る意に充たざる者」となっていた。そしてかれが永年待望した工場法は「到底賛成を表する能はざる」「残酷非倫の法案」（同上）の形で議会を通過してしまったのである。

運動は八方行き詰りであった。ことに大逆事件以後は身動きもならないほどの息苦しさであった。片山は三月、秋水の遺稿『基督抹殺論』について『社会新聞』に一文を草し、「不思議にも彼を死刑に処したる政府は、基督を抹殺する彼の主張を発行せしめたり」と記したため、新聞紙法違反により罰金百円に処せられ、七月控訴棄却となったため罪金が払えず、四〇年六月以来社会主義運動の機関として孤軍奮闘してきた『社会新聞』もまた、四四年八月八〇号をもって廃刊のやむなきに至ったのである。

三 羊の皮をきた狼

明治四四年八月、東京鉄道株式会社は解散し、電車の営業権を、あげて東京市に移譲した。ところが同年末支給された解散慰労手当金の配分をめぐって、車掌・運転手の間に大きな不満が生じた。片山は以前から電車賃値上げ反対の運動等によって、東鉄の経営を批判し、これを市有に移すべきことを論じてきたのであるが、東鉄解散後は従業員の不満をとりあげて「東鉄車掌の沙上偶語」(『東洋経済新報』明四四・一一・二五)を書き、また東鉄労働者の事情と労働問題を結びつけ、演説会をも開いた。警察記録は次のように記している。

「十二月中元東京電気鉄道株式会社解散手当金ノ配当ニ関シ電車従業員等ニ不満ノ声アルヲ奇貨トシ同志池田兵右衛門及佐々井辰次郎等ト共ニ同月二十一日東京市赤坂区青山北町六丁目相生亭ニ於テ又同月三十日芝区三田四国町寄席大黒亭ニ於テ政談演説会ヲ開キ池田ハ金主トナリ且現ニ従事シ居ル車掌運転手ニ宛テ無名端書ヲ郵送シテ之ヲ会場ニ誘致シ片山及佐々井ハ同盟罷業ヲ煽動スルノ演説ヲ為セリ為ニ東京市電気局ニ被傭中ノ車掌運転手ハ同月三十一日ヨリ翌年一月二日ニ亘リ罷業ヲ実行スルニ至レリ。」

分配額が少ないことと、分配が公平を失していることを不満とし、三一日、三田、新宿の出張所を中心に、青山、本所等の旧東鉄従業員は手当金の追加があるまで乗務を拒否することとし、同盟罷業に入ったのである。あたかも交通機関の最も利用される大晦日から新年にかけてのことであったから、市電当局は大いに狼狽して手当金を増額し、罷業は従業員に有利に解決した。

ところでこの罷業は四〇年の足尾・別子暴動以来の大罷業であったから、警察は直ちに活動を開始し、治安警察法違反をもって罷業の指導者を続々検挙し始めた。片山はこれに対し、自分も同盟罷業に賛成するものではない、罷業は不経済でかつ不穏当な行為であるが、だからと言って、「二十世紀の労働者を目するに、奴隷の如くし、総べて彼等の主張は其良否に拘はらず、之を警察力を以って圧迫抑制し去らんとするは決して策の得たるものではない」（「同盟罷工に対する社会の態度」『東洋経済新報』明四五・一・一五）と論じたのであるが、この一文が社会に出た一月一五日に、片山自身も罷業を煽動したものとして検挙された。取り調べに当って検事は、片山が明治二九年米国から帰って以来の言動を筆記した書類を山のように積んで、それをもとにして訊問した。これには片山も驚くほかなかった。かれは四月治安警察法第一七条違反で重禁錮五ヵ月の判決をうけ、五月七日巣鴨監獄に入った。穏和な合法主義者片山にとっては、この入獄は大きなショックで、その後のかれの思想に様々の影響を与えた。二週間後千葉監獄に移送されたが、その日はひどい雨で手を動かぬようしっかり縛られ、ひどい悪路を千葉に移された。「此処で我等の同胞が一年或は三年、五年の艱難を嘗め或は赤羽〔一〕君の如きは此処で最後を遂げたかと思ふと実に一種云ふべからざる無限の感慨に打たれた」（「警察記録」）。片山が千葉に入った時は、なお大逆事件の関係者がそこに七名収監されていたのである。

　片山は満期の九日前に明治天皇の死去に伴う大赦令で出獄した。だが片山は「疲れ果て、消耗し、衰弱した」（“Letter from Japanese Comrade”, International Socialist Review, Feb. 1913）うえ、警察の監視はきびしかった。裁判において検事は、「片山は羊の皮をかぶった虎《ママ》のような人物だから重刑に処せねばならぬ」と論告したが、この「穏健な社会主義者」は労働者と結びついているがゆえに、実は危険な人物ではないかという警察側の危惧は市電罷業によって実証されることとなり、それ以来、「昼も夜も三人の用心深い見張に監視されると云ふ『恩恵』に浴」（片山「日本におけるマルクス主義の誕生と発展の問題によせて」前出）することとなったのである。

もっとも片山の家に、はっきり監視がつくようになったのは、これより先の四二年五月であった。「本月より僕の家の前に巡査さんが二人来住されたから家は安心です」（『社会新聞』明四二・五・一五）と片山は書いている。行動を監視したのみならず、信書も当局によって披見されていた。四四年三月、そのころ毎月開かれていた労働倶楽部茶話会では、これが話題になり、同志間の連絡は速達がよい、速達なら読む暇もあるまいし、押収される危険もない、と話し合ったが（『社会主義者沿革』第三、復刻版中巻、一四六頁）、そのような話しはその場で警察の耳に入っていた。片山の生活に直接影響を与えたのは、外国の主義者および社会主義団体との文書の往復が、政府の妨害によって困難になったことである。片山は「世界の同主義者の新聞〔や雑誌〕に寄稿し、原稿料を得て生活費に宛てゝ居たが、社会主義に対する政府の弾圧は其後益々厳しく、一切の通信は警視庁に差押へられる事となつた。それで彼は生活の途にも窮し」

（岩崎「伯林に在て旧友片山潜に寄せて懐を述ぶ」前出）たとさえ言われている。

片山は世話をする人があって、四〇年五月姫路の女学校の裁縫教師をしていた原たまと再婚したが、たまはキングスレー館の幼稚園によって多少の収入を得、片山は内外の新聞雑誌に寄稿して収入を得、それによって辛うじて生活を支えてきたのであるが、前述したように、四二年春になると、それでは到底やっていけなくなった。二九年帰国以来片山を陰に陽に助けてきた植松考昭は、その頃東洋経済の主幹となっていたが、片山のこの窮境に同情して、この夏かれを東洋経済の社員に採用した。東洋経済は『経済新報』のほかに四三年五月から月刊の社会評論雑誌『東洋時論』を刊行するようになったが、片山は『社会新聞』が月刊から廃刊への途を辿っていった時、ここに論陣を張る新たな場を見出したのである。

片山がこれらの雑誌に、社会問題や経済問題を書いたことはいうまでもないが、そのほか劇、美術、建築等についても、一家言をもっていて、しばしば劇評や、美術評を書いた。そもそも、かれはアメリカの大学や神学校で勉強したときから、神学や社会問題だけでなく、ギリシャ演劇やシェイクスピアの講義も興味をもって聞き、イギリス旅行の時もそうであったが、好んで美術館を訪ねもしたのである。一八九三年夏シカゴに行った折には、約十日間博覧会を見たが、「其間種々の建築物其他芸術作品の気に入つたものを記して帰った。翌月であつたか、『評論の評論』に詳しい芸術作品等総て芸術家の立場からの批評が出た。僕の観察が此批評と偶然にも一致の点が多くあつたので、僕は大いに元気を得て美術の研究に興味を持つやうになつた」(『自伝草稿』)。足かけ一三年をアメリカに過ごすことによって、学問や思想だけでなく、かの地の生活と文化をも吸収してきたのである。このようなかれの教養が、生活に根をおろさない頭でっかちの革命運動に反撥させる一つの契機ともなった。しかもかれの芸術愛好は社会運動と密接に結合していた。

「予は社会問題を研究せむが為め或は裏長屋に入りて惨憺たる人生の裏面に酸鼻し或は監獄内に至り悪漢の群に接して魔界の醒気に戦慄す、斯の如く非常に気を痛め心を刺さるゝの時は直に美術絵画館にて一代の大家の神筆に接す、忽ち感焉たる心気を慰し始めて暢然として蘇するの思ひありたりき」(『英国今日之社会』前出、二〇〇頁)。

また帰国後、明治三〇年六月『国民之友』に書いた「演劇論」ではより本質的に、人類は想像力を持っており、現在に満足せずに進歩を希望しているが、その目指す理想は高尚優美を性格とするものであり、そこに美術心が発生する、と解し、そこから、美術心は「進歩の段階にして、革命の先導者と論断するを躊躇せず」と論じたのである。こうした美術の教養が社会主義の冬の時代に東洋経済において衣食の資となったのである。かれの美術評や劇評はこの段階のものとしてはかなり高いものと評価されている。また日本における近代彫刻の創始者の一人となった戸張孤雁は、三〇年代初め片山が主催した市民夜学校の出身者で、片山の世話で渡米し、美術を勉強してきたが、帰国後『社会新聞』の編輯を助けていたし、妻たまの姪原信子は当時新進の声学家であったが、片山はかれらのよき理解者であった。

東洋経済入社でかれの生活は一応安定したようであるが、その間にも『社会新聞』を出し、労働倶楽部茶話会を毎月開き、市電罷業事件で入獄する等、かれの身辺は多事多難であった。前述したように、片山が明治三六年再度の渡米を決意した直接の原因は、かれの健康であった。ところが明治四〇年六月『社会新聞』を発刊して活動を再開すると、直ちに分派問題の渦中に巻きこまれ、九月には心身の過労のため入院しなければならなかったし、退院後もしばらく頭を使わぬよう伊豆に転地静養を必要とした。四二年春になると又々神経衰弱は悪化し、医師の勧めで病軀をしばらく葉山に養った。東京に帰ってからも「少し稼ぐと疲労を覚へ」（『社会新聞』明四二・五・一五）た。

そのうえ、片山は健康のすぐれない三人の子供のためにも心労しなければならなかった。かれは降りかかる困難をこう語っている。

「困難の時には又種々困難の重なる者と見へる、僕の家族より報知して前日来安子は風邪で苦んで居り、幹坊は耳が悪くなりてダヾをコネて困り、赤ん坊は眼病に泣き妻は乳房がはれて之を切つたあとが病んで苦痛だとコボし、老母は手に余る長の看病に疲労して加減が悪いと、丸で小説にでもある様だが事実なので真に困つた。僕亦近頃神経衰弱で胃病で閉口して居るが、只色々用事がある為めと、貧乏に責めらるゝ為めとで駆走して居る。社会主義の運動を始めて以来今日の如き難境に遭遇したことはない」（『社会新聞』明四一・三・二九）。

だが事情は四二年になっても四三年になっても、少しも好転しなかった。かれは疲労の連続であった。だが「吾人は苦しむ為めに存在して居る」ので、今の時代に楽ができるような人は「正義人道の人でない」（『社会新聞』明四三・五・一五）と自らを励ましもした。

こうした逆境の下でかれを支えていたのはキリスト教の信仰であった。片山とキリスト教会との疎隔は、前述したように、まず三二年春キングスレー館の経営をめぐって生じた。しかし、日露戦争中まで、反戦論と結びついた社会主義運動の中心的な担い手となったのは、キリスト教会出身の青年たちであったし、かれの親しい同志にも安部や木下や田添のようなキリスト教徒が少くなかった。ところが、日露戦争後に至ると事情は急激に変っていった。木下や安部は運動を離れ、田添は死んでしまったし、教会の指導者はもちろん青年たちも社会主義に理解を持とうとしなくなった。四二年二月、片山は「我邦基督教牧師及信徒に質す」(『社会新聞』明四二・二・一五)と題する公開質問状を書いて、一体教会は「我々、人道の為め平民の為めに弱者の為めに労働者解放の為めに奮闘し社会の改善を計る為めにする社会主義者を排斥せんとする」のかと質した。四四年八月にはさらに「何故に耶蘇教は日本に勢力なきか」(『東洋時論』)を一信徒として問題とし、その主要な原因に教会が経済・社会問題を解決する力を失っているからだと主張し、その原因を日本人信徒がこの問題を解決しうる神学をもたない点に求めた。そのかぎり、アンドーヴァ神学校時代の理解と基本的に異なるところはなかったが、今やかれは教会の無力に対しては容赦ない批判を加えるようになった。耶蘇の福音は貧民の福音である筈だのに、「今日の教会を支える者は富豪である。」教会も結局、富豪の手先ではないか。そのころから片山は信仰自体に動揺を感ずるようになった。信仰は結局現実を変える力を持たないのではないか、キリストは何故に、その力をもってこの世を支配しようとはしなかったのか(「耶蘇は如何にして誘惑に勝ちたるか」『東洋時論』明治四四年一〇月)。同年一〇月末堺の家で開かれた茶話会で、唯物論と唯心論の論争があった際、片山は「余ハ最初熱心ナル宗教心ヲ有シタリシモ近来宗教道徳ハ馬鹿々々シキ事ト感ジタリ」と語ったと警察記録は記しているが、このころ、かれのキリスト教信仰は急速に冷却していったと見て大過ないであろう。その原因はキリスト教会の実情に対する批判のほか、このころマルクス主義の世界観に対する理解が深められたことにある。すでにこれより一年前「社会の階級と其道徳」(『東洋経済新報』明四三・一〇・一五)において、かれは階級道徳について論じ、同じキリスト教が、一方は奴隷制に賛成し、他方は反対するのは、その階級的立場の違いに基因する、と考えていたのである。前記堺家での論争に際しても、「マルクス、エンゲルス等ノ社会主義ノ著書ヲ読ムベシ」と言ったと、記されている。社会主義運動に対するすべての途が閉されていき、身心も疲れ果てていったとき、片山はそれまで信頼を持ち続けたキリスト教に対しても希望を持ちえなくなったのである。

* 入獄時および出獄時の片山の心境については、『社会主義者沿革』に政府警察に対する片山の告白が記録されているが、それは大赦に対し「望外ノ恩典ニ浴シテ清浄無垢ノ身トナリシ以上ハ……新ナル生活ヲ営マントス」る決意を示すような公式的発言が多く、必ずしも真実を伝えていない。外国の雑誌に書いたもののニュアンスは、かなりこれと異なっている。

第六章　共産主義者への歩み

一　社会主義左翼への参加

運動は八方塞がりだし、生活の方も、植松考昭が死んで『東洋時論』が廃刊になって月給が半減されたため、出獄以来行きづまっていた。その時、大正三年八月下旬ウィーンで万国社会党大会が開催される旨の通知をうけた片山は、これに出席することによって再度新生活展開の契機をつかもうと考え、渡航の手続きを進めるとともに、東洋経済を退社した。ところが、七月末世界大戦が勃発して大会が無期延期になったうえ、健康を害して出発を暫時延期したが、方針を変更し日本より自由のあるアメリカに渡って、生活と運動の建直しを図ろうと決意し、九月横浜を発って四度目の渡米の途についた。その時の感懐を片山はこう記している。

「今日の渡米は日本で逆境に堪へ得ないからである。固より外国の同志に訴へて日本に於ける主義の運動を盛んにせんとするのは予の唯一の目的であるが、さりとて病身の妻と三人の子供（十六歳を頭とする）を後に残して行くので、寄附や餞別で百五、六十円も貰つたが妻子の手当や自分の旅費の為めに自分の所有の家屋を抵当に入れて金を借りて行く始末、先きには二十五歳の血気旺盛の青年、今や五十四歳の半老人！　渡米は余り希望を持つてゐるのではない」（『自伝』二二八頁）。

日本の社会主義者たちは送別会を開いて、この老社会主義者の行を壮にしたが、彼の日本脱出に対しては割り切れない気持も少くなかった。たとえば、荒畑寒村は「この労働組合運動の開拓者、社会民主党の創立者の一人が、日本にいては運動もできず、生活にも困るから米国に行くと述べたのを聞いて、私たちのような後輩すら運動の復興再建に躍起になっているのに！そう思って涙がこぼれた」（『寒村自伝』二三六頁）と記している。

運動の困難なことはどの社会主義者にも共通であったが、生活の困難な点では各人に才覚の相違があった。インテリの社会主義者にとっては結局文筆で生活の資をうることがもっとも容易だったし、またそれ以外の途もなかった。堺にせよ、荒畑にせよ、大杉にせよ、それで生活できるだけの才能をもっていた。ところが片山は文章を書くのがまったく苦手であった。文筆で生活を立てることは不可能に近かった。* かれが東洋経済の記者となり得たのは、まったく主幹植松の好意以外の何ものでもなかった。その「日本文ははなはだつたなかつた」ので、一諸に仕事をした石橋湛山は、片山の「書いた物に随分手を入れ」(『湛山回想』一三八頁) なければならなかった。『東洋時論』が廃刊となり、社会問題について書くことが困難となれば、東洋経済にも居ることはできず、そうなれば何とか生活のできる見込みのあるアメリカに渡る以外に、この老社会主義者の活路はなかったのである。

日本は八月対独宣戦布告を発したが、片山は戦争に絶対反対であった。参戦の真の理由は「わが国の閥族者流が日本国民の首すじをしっかりつかんでおくために、陸海軍の増強を欲しているということ」("The War and the Japanese" Int. Soc. Review, Nov. 1914) と考えていた片山は九月下旬シヤトルに上陸した時、新聞記者に対し、日独戦争を始めたのは「愚の骨頂」だと批判し、「日本国民は表面戦争に賛成せしかの如く見ゆるも、実は生活難のため大に之を悲観し且反対するもの少」(『旭新聞』一九一四・九・二五) なくないと語ったが、それはかれの一貫した大戦観であった。

数日後サンフランシスコに落ちついてから一年間は、時に頼まれて社会主義の演説をする程度で、デイウァークをしながら比較的平穏な生活を送ったが、「世渡りの落第は妻子と分れて益々生活の困難をせねばならないので落第の罰はなかなか苦しいものに感ぜら」れ、「落第のない社会を作りたい」、「少くとも落第の結果、落第者及其家庭の困難せぬ社会にしたい」（『自伝』一六〇頁）ものだと考えた。一九一五年六月には原信子に伴われて長女安子が渡米し、片山と一諸に暮すようになって、生活は少しにぎやかになった。だが、一九一五年秋になるとかれの周囲は再び騒がしくなってきた。そのころ、友愛会の鈴木文治外一名が日米友好の促進のため渡米し、排日運動の有力な推進者であるアメリカ労働総同盟と交歓することになっていたが、領事館は片山がこれに妨害を加えることを恐れたのである。領事は片山に「お前は世間から誤解されてるから暫く沈黙を守る方がよかろう。長くだまっていれば世間はお前が社会主義を捨てたと見て誤解をしなくなろう」と言い、また「日本のダークサイドを白人労働者に知らせることは日本に不利だから、婦人労働や少年労働について余り書かないように」とも言った（片山「日本労働代表者と桑港領事」『新社会』一九一五年一一月）。このような領事館の圧迫は次第に強化され、同年一一月桑港のデイウァーカーの協友会と、オークランドの洗濯職工組合とが連合して日本労働同盟を作ろうとした際には、「内務省の注意人物」である片山がその幹部の一人であることは好ましくないとの理由で、発起人から名前を削られてしまった。このような迫害は「日々働いて国の妻子に生活費を送り、且つここでは一人の娘を連れて幽かな生活を送り、其会計状態は全く其日過ぎの体」（「桑港だより」『新社会』一九一六年一月）である生活にまで及んできた。日本人の間では働くのが困難であったが、雇主は白人なので衣食には事欠かず、「大道演説でもやつて腹を慰せば、まづ意義ある生活が出来る」（同上）と自ら慰めもした。

片山はサンフランシスコに落ちつくとすぐ、活動のために機関紙を出すことを考えたが、生活に追われてなかなか実現しなかった。この希望は一九一六年春になって岡繁樹や野中誠之が協力することにより実現し、その五月『平民』第一号を発行した。だが、これは自分で活字を拾って自分で印刷することによって漸く発行できたのであり、こうして『平民』は一一月までに六号を出すことができた。そのころ、アムステルダムの万国社会党大会で面識のあるS・J・ラトガースから、反戦活動を強化するために社会党左派の組織を作るつもりだから、ニューヨークに来てこの運動に参加しないかと云ってきた。ラトガースは土木技師で古いオランダの社会党員であったが、その当時ニューヨークを活動の根拠地としていた。この奨めに応じ、片山は一二月娘安子をつれてニューヨークに移った。

ニューヨークの生活は急速にかれの思想を変えていった。かれはニューヨーク到着後の活動をこう報じている。

「僕は今度の『インタナショナリスト』にリイプクネヒトのマニフェストを訳して出して置きました。『インタナショナリスト』はレフトウィング（急進派）で、欧州のレフトウィングと気脈を通じて運動せんとするものです。今一つ近頃になつて運動が始まつて居るのは、当紐育市及びブルックリン市の急進派と見る可き人々が一つのレフトウィングの雑誌を発行し、其周囲に集った人々でインタナショナル（万国主義）の主張を為さんと致すのです。此間第一回の会合を致し、僕も其雑誌の調査員の一人となつて居ります。」（「ニューヨーク便り」『新社会』一九一七年四月）。

第二回の会合においては「チンマアウアルト及びキンタールの宣言を討議して我々もレフトウィングの宣言を為さんとし」（同右）たが、議論がまとまらなかった。この相談会にはトロツキー、ブハーリン、コロンタイ、フレィナら、当時ニューヨークに滞在した有力な左翼の人々が集まっていたが、左翼の共通の立場は祖国防衛戦反対、愛国主義反対、要するに戦争反対と国際主義という点で結集していた。片山がルトガースを介してこの左翼の一員に加わったのも、またこの主張の環を通してであった。

と言うのは、サンフランシスコ時代の片山は、「帝国憲法と社会主義」の思想をそのまま持ち続けていた。事実かれは一九一五年（大正四年）二月サンフランシスコ日本人美以教会で同じ「帝国憲法と社会主義」と題して講演し、「社会主義は決して日本の国体と矛盾するものにあらず、憲法の範囲内に於て実現しうべきもの」であるとして、憲法を逐条説明して普通選挙権さえ獲得すれば、憲法の規定に従って社会主義は実現しうると論じたのである。またニューヨーク移転後、一九一七年三月発行の『平民』第八号に書いた「露国革命の教訓」においても、一面、二月革命を「歓喜に堪えず、非常に痛快を感」ずると記しながら、他方において「我等は恐る、憲法第三条及第五条の真意義を解する機会さへも与へ〔られ〕ぬ国民の間には、浅薄なる、而かも恐怖すべき結論に達する者が無いにも限らない。之れ単に我等の杞憂であるかも知らないが、露国今回の革命は社会主義者や平民労働者を虐待圧制する軍閥政府に取って好個の印鑑である」と論じた。言うまでもなく憲法第三条は天皇の神聖不可侵を謳ったものであり、五条は議会の立法権を規定したものであり、片山はロシア革命に共鳴しながら、ロシア皇帝の死刑のごとき不幸な事態は日本における社会主義の実現には関係のないこと、換言すれば、帝国憲法の範囲内において実現されることを改めて確認しているのである。このような社会主義理解はトロツキーやブハーリンらボルシェヴィキはもちろん、多くの左翼社会主義者の見解とは無縁であった。にもかかわらず、片山がこのグループの一員でありえたのは、何よりもかれの階級的社会観からする戦争反対論と、万国社会党大会以来のインターナショナリズムによるものであった。かれは非戦論の演説会には熱心に出かけ、しばしば自分も演説した。また九月末には堺に「僕も愛国的社会主義には大反対だ。我々の取るべきポリシーは国際主義以外にはないと思ふ」と書き送っている。

二月革命が始まるとトロツキーをはじめ「非戦派の首領連」(片山)は続々帰国し、ニューヨークの左翼は指導者を失って急速にさびしくなってしまった。その後も左翼のグループは「多少ふらふらしながらも存在し続け、ボルシェヴィキ革命が成功すると、次第にはっきり左翼の原則をとるようになり、それは機関紙『クラス・ストラッグル』に反映した」(S. Katayama, "Morris Hillquit and the Left Wing" The Class Struggle, July. 1919)。だが、一一月革命までは片山の思想は基本的には変化していなかった。たとえば片山が左翼の機関紙『クラス・ストラッグル』の九月号にのせた「日本における資本主義の最近の発展」(著作集第二巻)でははっきり「インタナシヨナリストとして、現在の日本の帝国主義政策に私は反対する。というのは、現在の日本の帝国主義政策は、社会主義者と労働者の正義と自由を踏みつけにし、資本家階級が女工や幼年工を無慈悲に残酷に搾取することを故意に許すからである」(同上、三四九頁)と記している。ここでかれはインターナショナリズムを基礎として帝国主義に断乎反対しているのであり、しかもその帝国主義は資本主義の政策として理解されているのであって、資本主義の体制としては把握されていないのである。

* 片山が一人で編輯した時期の『社会新聞』や『自伝草稿』などを除けば、片山自身の文章はほとんど残っていないといっても過言ではないであろう。四度目の渡米以後『新社会』などにのった片山の通信についても山川均は「片山氏の原稿といえば、片山氏の日本語流の英文は分りやすかったが、なまじっか日本文だとなかなか難物で、これを読みこなして別の作文に書き直し、しかも三分の一くらいに圧縮するなみたいていでない仕事は、いつも高畠君の受持だった」（「ある凡人の記録」『世界』昭和三四年三月）と記しているし、ニューヨークの邦字新聞『日米時報』にのった文章については、「片山は非常な悪文だったので前田河〔広一郎〕はそれを生かすために少なからず労働を費した」（田口運蔵『赤い広場を横ぎる』三三六頁）と言われている。片山署名の文章についてはこの点注意を要する。

二　共産主義者として

一一月革命はアメリカの社会主義左翼に大きなショックを与えたが、片山の思想にも急激な変化が生じた。片山は前述したようにロシア革命の指導者たちを個人的に熟知していたし、その思想もほぼ理解していた。それが片山をしてロシア革命の本質をいち早く理解することを可能にした。その意味で日本人で最も早くロシア革命を理解し、ボルシェヴィズムの信奉者となったのは片山であった。かれはロシア革命の硝煙が収まるにつれて、今まで眼にあった鱗が落ちるように、国家権力の本質について眼が開かれた。それまで帝国憲法の範囲内において社会主義実現を信じてきた片山は、ロシア革命によって帝政ロシアが崩壊し、社会主義社会が実現したのを間の辺り見て以来、帝国憲法の鱗が落ちて、「国家は支配階級の機関である」(「米国紐育通信国家論」〔一九二〇年〕『解放』一九二四年七月) と考えるようになった。明治三〇年以来の階級社会観がここではっきり帝国憲法と天皇制の枠を乗りこえたのである。

「此の機関を維持する為めに一般人民から租税を徴収する。此等の機関を維持する為めに宗教々育会等を設け、新聞雑誌出版物を皆支配階級擁護の為に存在せしむ。而して教育を支配する。総べて上に立つ立法権を掌握して支配階級に便利なる法律を作る。労働者を圧迫し言論の自由、出版の自由を束縛する。国家は上記の如き内容である」(同上)。

こう会得すれば、片山にはすべての従来の疑問は氷解するように思われた。国家は労働者を圧迫するために設けられた機関であるから、「国家が労働者を保護する」と期待してきたこと自体が「以つての外」であったし、立法に望を嘱したことも全くの誤りであった。「露国の労働者は斯る国家を乗取つた」（同上）。それが革命なのであり、それ以外に革命はないのだ。

このような思想の変化は永年の間片山の中に展開されてきた理想と現実――「帝国憲法」と治安警察法、階級闘争と保護立法への期待、生産手段の公有と都市社会主義等――の対立と交錯を、一挙に止揚した。それまで一貫してかれの思想構造の特色をなしていた二重性は、国家観の変革を媒介として急速に統一されるに至った。

もちろん一挙にといったのは、片山のそれまでの長い思想遍歴に対比してのことである。片山の国家観が理論的に明確になったのは二〇年夏レーニンの『国家と革命』を読んで以後のこととといわねばならない。片山のいたアメリカにおいて一〇月革命の意義を最も早くつかんだのは、スラブ系移民の多いボストンの左翼であった。かれらは一九一七年一〇月社会党ボストン支部の機関誌として『ニュー・インタナショナル』に代えて『革命時代』“The Revolutionary Age”を発刊した。これは間もなく全国の左翼の機関誌の役割をになうに至り、片山もその影響をうけ、また編輯者の一人となった。一九一八年夏日本全土にわたって米騒動が勃発したとき、その意義をいち早く最も高く評価したのはニューヨークにいた片山であった。それはかれが終始変らず大衆の運動に全関心を集めていた、ということもあるが、同時にこのときにはすでにかなりはっきりしたボルシェヴィーキとして、大衆運動の役割を次のように理解していたからだといわねばならない。「騒動は日本の圧迫された民衆の唯一の武器である」（片山「日本における米騒動の意義」『ニューヨーク・コール』一九一八年八月二五日）、「貧民たちは、大衆行動の中に、彼等のもつ強力な武器をみいだした」（「一日本人の見た最近の米騒動」『クラス・ストラッグル』一九一八年一二月）、その結果「米騒動が終つて以来、全国にわたつて鉱山や工場に労働争議がおこつた」（同上）。こう把握してかれは米騒動を次のように評価した。

「日本のプロレタリアートが世界中で最も強力な軍事官僚の面前でなし遂げたことを、われわれはほこつていいだろう。全世界的規模のプロレタリア運動にとつて、最も意味深いことは、日本の貧民と労働者階級が、社会革命の到来にたいして目覚めつつあることである！」

このような希望に充ちた見解は、官憲のきびしい弾圧の中で戦っていた日本の社会主義者たちには、受け入れ難いものであった。だが米騒動はアメリカにいた日本人青年に大きな動揺を与えた。それまでニューヨークには「社会主義団体に属するものは一人も」いなかった（「紐育より（高畠宛）」『新社会』一九一七年八月）のが、「米騒動があつて在米日本人青年を転換させるようにな」り、片山の周囲には田口運蔵、間庭末吉等の青年が集まり、定期的な研究会を開くようになった。片山は革命の指導者を自分の手で養成し、日本に送りたいと考え、このような研究会も開いたのであるが、かれの眼はいつも祖国日本とその革命に向けられていた。一九一九年春、同志の一人であった近藤栄蔵の帰国に賛成したのも、そのような意図があったからである。その後もかれの膝下で育った人々はボツボツ帰国した。だが、このかれの大望は無残に打ち砕かれてしまった。日本の社会主義者たちは苦労を知らないアメリカ帰りの主義者を「アメボー」と呼んで軽蔑した。「アメリカのアメと飴をもじって、アメン棒のように甘ちよろくへなへなになり、やがてとけてしまうから、ダメだ、という侮蔑と警戒の念がこめられていた」（渡辺春男『片山潜と共に』七九頁）。辛酸をなめてきた内地の主義者から見れば、筋金が入っておらず、頼りにできなかったのである。

片山はブルックリンにおける左翼の会合以来、スラブ系を中心とする移民社会主義者と深いつながりをもっていた。ロシア革命後かれらはその勢力が急速に増大するにつれ、共産党結成に積極的に動き、左翼の主流が一九一九年八月の大会において社会党を乗取る計画を立てたのに対し、かれらはこれを手緩いと考え、ミシガン州支部とともに同年九月一日に結党大会を開くことに決したが、その後主流派の大半も乗取りの困難を感じて之に合流した。ところが残留した人々は八月末の社会党大会において形勢不利と見るや、直ちに「アメリカ共産主義労働党」を組織したのに対し、その直後スラブ連盟派は「アメリカ共産党」を組織した。こうしてスラブおよびイタリー移民を中心とする共産党と、アメリカ育ちのアングロ・サクソン系を中心とする共産主義労働党とが対立するに至ったのであるが、前述したような関係から、片山は前者に関係をもち、そのオリエンタル・ビューローに属した。二つの共産党はその対抗に精力を消耗したうえ、翌年一月の「赤狩り」によって壊滅的な打撃をうけた。外国生まれの党員の多くは国外追放になったので、アメリカ共産党に対する打撃はとくに大きく、組織は壊滅し、再建はきわめて困難であった。片山は変装してこの「赤狩り」の難をアトランティック・シティに避けなければならなかった。活動が困難となったことは、かれに静かな時間を与えた。この時間を利用して、かれは日本で書き始めた『自伝』の続稿を書くとともに、今やかれの中に明確となった社会主義の体系をまとめたのである。だが、これに示されたボルシェヴィキ片山潜の思想は、意外に平板である。「僕の筆に僕の包蔵する限りある思想と知識とを自由に吐露する才能を欠く」（片山『搾取なき社会への熱情』一〇一頁）ことを充分認めても、ボルシェヴィキとしては必須の弁証法についてまったく知らない。たとえば、資本論は「進化論の立場から近世産業資本を解剖せる」（同上、二八頁）ものと解する様な誤解をいくらも指摘することができる。だがこの論稿の特色は「資本主義の社会と社会主義の社会との比較研究」（同上、三〇三頁）を行ない、社会主義のすぐれた所以を具体的に示している点にある。かれは実践的には共産主義者で、理論的には未だ急進的社会主義者にすぎなかったのである。

片山は四月には再びニューヨークに帰ったが、それ以後の活動はなかば地下活動とならざるをえなかった。翌五月にはジノヴィエフの勧告に従って二つの共産党は合同に賛成したが、指導者の多くを失った党の中で、残った片山は有力な指導者の一人となっていた。その活動が認められたこともあって、かれはその年の一一月コミンテルンのアメリカ・ビューローの責任者に任命され、一九二一年二月、猪俣夫人を秘書として伴い、メキシコに向かった。かれは地下活動に入ったのである。* 大任が与えられたが、将来を予測することはできなかった。この時弁護士の旧友山崎今朝弥にこう書き送った、「これが届いても届かなくても、これが米国最後の手紙である。否すべて最後の手紙であるかも知れない。吾々は今、大兄等の必要とする法律を不必要とする社会を作りつつある」（「南米通信」『解放』昭和五年七月）。

コミンテルン第三回大会は極東における革命運動を組織し推進するために、一九二一年一一月イルクーツクにおいて、極東勤労者大会を開くことに決定した。だが当時はまだ続いていたシベリヤの混乱等の政治的事情のため、会議は一九二二年一月モスコーで開かれることに変更になった。片山の許へもこの会議の指導者の一人として出席し、その後引き続いてモスコーに留まるようにとの連絡があった。今や片山はおしもおされもせぬ国際共産主義の指導者であった。かれは故国の友岩崎清七にその心境をこう伝えている。

「今自分は一等船客で、秘書役一人を連れて露西亜に向つている。今は自分の最も得意な時であるが、それが又失意の原因となるかも知れぬ」（岩崎「旧友片山潜を語る」前出）。

船旅といえばいつも最下等で、食うや食わずで働いて来た片山は、今や一等船客でかれを指導者の一人として歓迎しようという、社会主義の国ロシアへ向っていたのである。この得意は幸か不幸か死に至るまで失意の原因とはならなかった。

＊　片山のアメリカ共産党の指導者として、またビューローの責任者としての活動は明らかでない。アメリカの共産党について書かれた研究書や回想記のようなものにもかれに関した記事は全くないと言ってよい。コミンテルンについて網羅的に資料を蒐集しているスタンフォード大学のフーバー図書館にも、アメリカ・ビューローに関するものは全然存在しない。

第七章　むすび

片山がアメリカから呼ばれて、コミンテルンの指導者の地位に置かれたのは何故であろうか。もちろん、かれが日本の社会主義運動の開拓者の一人であり、変らざる指導者であったことをあげることができよう。「コミンテルンは片山君を執行委員に加え、歴史的人物として好遇しているとはいえ、それは過去の功績に対する儀礼」（荒畑『寒村自伝』四二一頁）だという見解である。だがこのような評価に対しては日本の古い社会主義者たちから強い反対が表明される。たとえば荒畑自身こう記している。

「片山君の頑固と偏狭は昔から有名である。彼のそうした性癖は、議会主義こそ第二インタナショナルの正統的政策であって、これに反するものは社会主義者でないと、幸徳秋水一派の直接行動論を非難させた。それが彼をして……運動全体の調和のためにはもう少し異見に対して寛容の態度をとるべきだという、堺さんの勧告に従わせなかった。それがまた、かれがその同志たる西川光次郎一派から除名されるに至った原因に違いない」（『寒村自伝』四二二頁）。

換言すれば、片山が頑固な議会主義者にすぎなかったこと、しかも分裂の責任の大半を負わねばならないこと、端的にいえば、かれは日本の社会主義者を代表する資格のないことを主張しているのである。第二にあげられる理由は、かれがアムステルダムの万国社会党（第二インター）大会において、プレハーノフと握手して以来、日本の社会主義運動はかれの名と結びつけられて世界の社会主義者の間に覚えられ、その上、アメリカにおいては、トロツキーやブハーリンと知りあい、ソ連指導者に知友が多かった、という事情である。「一九〇四年アムステルダムで開かれた第六回の国際社会主義大会席上においてロシアのプレハノフと握手したという古い歴史が、彼をしてこの地位につかしめたのだと言っても過言ではない」（風間丈吉『モスコー共産大学の思い出』二〇二頁）といわれる所以である。だがこの点でも、コミンテルンの必要としているのはエミグレの骨董的人物ではなく、現実の運動と密着した活動的指導者であった、という当然の反駁が起るであろう。事実、極東勤労者大会において片山に指導的な役割が与えられたことに対してさえ、片山が運動らしい運動を代表していないうえ、その弱体な運動の全面的支持をさえ必ずしも得ていない点で、出席者たちの間に不平が存したと伝えられている(E. Evans, "Looking East from Moscow", Asia, 1922, No. 12)。さらに片山にとって不利なことには、共産党の指導者の中から深刻な批判が聞かれることである。昭和五年ソ連から帰国して再建された共産党の委員長となった風間丈吉は、河上肇に前記と同趣旨の見解を述べたうえ、「本当のことを言へば、片山老人は無能で駄目」だと語っている(河上『自叙伝』II 一六九頁)。とすれば、一体なにゆえに片山はコミンテルンの指導者となったか。これを解く鍵はアジアにおける日本の位置をおいてほかにない。極東勤労者大会において議長ジノヴィエフは、大略次のように述べている。

「戦後アジアの問題はヨーロッパ問題を凌駕するほどの重要性をもつに至つた。この極東問題を解く鍵は日本にある。日本の革命なくしては、極東における他の革命は単なる地方的事件、しかもさして重要でない事件にすぎない。極東問題を真に解くことができる唯一ののは、日本ブルジョアジーの打倒と日本における革命の終局的勝利あるのみである。たしかに現在日本の革命運動は幼弱である。階級意識をもつた共産党員は数百人にすぎない。だが日本の労働運動は極めて重要になりつゝある」("Looking East from Moscow")。

こうして極東問題を解く鍵が日本の労働大衆におかれた時、日本の社会主義運動の指導者片山潜の姿が浮び出てくるわけである。極東問題の基底として、アジアで資本主義が最も発展し、帝国主義の仲間入りをしている、日本における革命の重要性を指摘する発言は、中国共産党の活動が注目されるに至るまで、その後のコミンテルンの会議に繰り返し現われる。片山も米騒動以後の日本の労働運動の勃興に大いに期待を寄せ、その期待に確信をもっていたがゆえに、その路線上に革命をも夢みたのである。「極東では、世界資本主義と世界プロレタリア革命に関連して、日本の地位は極めて重大な意義がある。……日本のプロレタリア運動は極東の諸国民を誘導して精力的な解放闘争をやらせることができる」（片山「コミンテルン第五回大会における演説」）。この点ではジノヴィエフをはじめとしてコミンテルンの指導者の見解はほぼ一致していた。このような革命への統一的な展望の中で、片山はコミンテルンの指導者としての活動を開始したのである。

片山はもはや理論と現実の対立、緊張の中に生きる必要はなくなったごとくである。理論的にはレーニンの国家論によって永年の問題が氷解したし、実践的には社会主義の国ソ連にあって、かれの抱き続けた理想は実現しつつある。実践を通じて鍛えてきたかれの思想は、今やレーニン主義によって練りなおされ、清掃された。だが、片山は果してマルクス・レーニンの世界観＝唯物弁証法を理解しえたであろうか。かれの書いたものの中からそれを証明することは困難である。抽象的思惟に弱かったかれの弱点は、ここにも貫徹しているといえよう。片山を「無能で駄目」だと評した風間丈吉は、それに続けて「近頃老人の名で発表されているものは大概は他人が書いたもので、尤もどうかすると老人自体が独りで書くこともあるが、それには皆が困つているのだ」（河上『自叙伝』Ⅱ、一六九頁）とさえ語っている。コミンテルン時代におけるかれの発想は、支配階級や帝国主義に対するはげしい怒りと憤りに彩られてはいるが、たいてい平板で、弁証法的なダイナミックスが欠けていた。かれの思想ははじめから「然り、然り、否、否」であって、「然り、否、否、然り」と考える柔軟性をもたなかったのである。それが「頑固」と言われ、「偏狭」と呼ばれた所以である。

だが、より重要なことはかれの思想自体が、かれの実践との弁証法によって形成されてきた、という事実である。かれの思想はかれの頭脳の中で生み出されたものではなく、実践の中から生まれ、そこで錬えられたものであり、逆にまたかれの実践はその思想によってきびしく規定された。この実践と思想のダイナミックスこそが、かれのかけがえのない本領であったし、そこにかれの偉大さが存したのであって、この基本的な弁証法に比すれば、単なる思惟の世界における弁証法はさして問題にならないとも言えよう。しかし、コミンテルンの指導者として、片山には、かれの全存在を規定してきたこの基本的な弁証法さえ機能しなくなったのではないかと思われる。プロトコールやインプレコールに現われる、コミンテルンの中央委員会や大会における片山の発言を追っていくと、かれは最高権力に対して終始断乎として、「然り、然り、否、否」である。「同志諸君、日本代表〔片山〕は同志ジノヴィエフの報告に賛成するものである」（コミンテルン第四回大会）、「同志諸君、日本支部代表団は、同志ブハーリンによってなされた報告並にテーゼに対して完全なる同意を表するものである」（コミンテルン第六回大会）。かれはそれぞれ異なった見解に立つ日本に関する二七年テーゼにも、三一年テーゼ草案にも、三二年テーゼにも、すべて全面的に賛成した。かれがニューヨーク時代以来交際し尊敬していたトロツキーが追われ、ブハーリンが失脚し、コミンテルンで親しく指導をうけたジノヴィエフが粛清される場合にも、「然り、然り、否、否」と語るのみである。「私はトロツキー讃美者の一人であつた。然し私は彼の理論上の識見及び近年の政治的手腕を見誤つていた」（片山「露国共産党政府に於ける新反対派の過去と将来」）。こうして片山は「比較的若年の」しかし「レーニンの最も信任した」（片山）スターリンを指導者と仰ぐ。荒畑は「天涯孤客の片山老がいかに保身に苦心したかは想像に難くない」（『寒村自伝』四三二頁）と記しているが、保身はともあれ、かれの実践と思想の弁証法が機能しなくなったことは否定すべくもないであろう。もちろん、そのように行動した片山に、内面的なかっとうや悩みがなかったとはいえない。だが、それを語るような資料は見当らないし、そのような「迷い」は結果的には否定されてしまった。

幸か不幸か、片山の存在の弁証法は姿を消したが、かれ自身は消されなかった。昭和八年、かれは近況を次のように報じている。

「拝啓！　誠に久しく御無沙汰致しました……本年は私事安子〔長女〕と北コーカサスの黒海岸の海水浴と鉱泉場に六週間休養いたし丈夫になつて帰り此処に着いたのは去る一日でした

非常にお世話になつた原千代〔二女〕も仕事で働いて居ります　昨年はハルコフ市の農具工場に働き今は父の所に居つて当市トラクトル及自動車工場に働いて居ります　千代は身が健康でよく働いて居ります　一日七時間で五日働き一日休む所謂六日週間です

私もモウ七十五歳になりますがまだ元気で働いて居ります　他事ながら御安心を願ひます前年深川主人〔岩崎清七〕が欧州に来られた時にベルリン迄来ぬかとの知らせでしたが丁度其時多忙で失礼しました

……日本を去つてからモウ二十年近くなります　一度浦塩―上海、北京、外蒙古クウロンに旅行致しましたが　日本本土を見て航海致しただけで　今日は急に帰る望はありませんが万事好都合に暮して居るので御安心を乞ふ　我々の所には失業者も不景気もあります〔せん〕　商工業者其他只発展進歩するのを見聞することは愉快であります

安子も千代子も非常なお世界〔話〕なり私も亦在監中其外多大の御世界〔話〕になりました　近頃自伝を書いて居るので旧事を思ひ出して此手紙も差上げる訳です　右御起居お伺旁我々の近況御報知迄深川主人によろしく

岩崎亀次郎様　〔先妻の父〕

片山はこの少し前からいちじるしく健康が衰えていた。他方、祖国の革命運動はかれが期待したようには発展せず、モスコーで訓練した日本共産党の指導者たちが、次々に転向を声明するのを見てかれは悲しみ且つ激怒した。「世界無比の裏切者佐野、鍋山を排撃せよ」。しかしこの敗退の責任の一端はかれもまた負わねばならなかったはずである。

だが、「得意の絶頂が失意の原因」とはならずに、昭和八年一一月、片山はモスコーで死に、盛大な葬儀がこの人類解放に一生を捧げた老闘士の最後を飾った。

かれはアメリカでキリスト教徒となったとき、自分にジョセフというクリスチャン・ネームをつけ、その後外国語の論文はいつも Sen Joseph Katayama と署名したが、ジョセフという名をとったのは、ジョセフという人物に特別の愛着を有したからではなく、それが「助世夫」(「東京市と電気鉄道問題」『東京経済雑誌』明二九・六・二七) に通じたからにほかならない。その後、かれはジョセフと署名することもやめ、世をどう理解するか、したがって、どのようにして世を助けるかについても、いろいろ思想上の変遷を見たのであるが、新しい世界の建設に助力するという点では、終生変ることがなかった。片山に対する毀誉褒貶は実に様々である。だが、唯一つ確かなことは、かれが一身の幸福を犠牲にし、終生労働者大衆の解放のために闘った、ということである。

片山潜年譜

年	号	年齢	事項	参考事項
1859 年	安政 6 年		十二月七日　美作国粂郡羽出木村（現在の岡山県久米郡久米南町字羽出木）に生まれた。父は国平で入婿、母はきち、二男で名は藪木菅太郎。家は代々庄屋であった。	幕府鎖国を解き開港する。
1861 年	文久元年	2	天然痘を病む。	
1862 年	文久 2 年	3	父国平離婚して僧侶となる（僧名水尾寂宣）。引き続き祖父の家で、母の手で育てられた。	
1864 年	元治元年	5	この頃から手習や、漢文素読の手ほどきをうけた。	このころ全国各地に農民一揆がおこり、六六年には片山の村にも波及した。ラッサール死す。

1868 年	明治元年	9	この頃、母きちと共に分家する。	明治維新。
1869 年	明治 2 年	10	一一月 羽出木などに農民一揆起る。	農民一揆各地におこる。
1872 年	明治 5 年	13	村に小学校(成立小学校)ができたので入学し、前後百余日通学したが「家で働かねばならないので」やめる。この小学校の経験から「学問が好きになった」。	一二月 徴兵令しかれる。
1873 年	明治 6 年	14	五月 徴兵反対、年貢五ヵ年免除等を要求した岡山県北部数郡にわたる大農民一揆起る。羽出木村の農民も参加し、戸長たる実兄杢太郎も参加し「一年投獄され、……戸長を追はれ」る。 母を扶けて農耕にしたがい、藁仕事、炭焼き、薪取り、木樵りなどもして、苦しい農民の生活を送った。	地租改正。 地租改正と徴兵令反対の農民一揆、各地におこる。
1877 年	明治10年	18	一月 次男では将来性がないことを考え、「学問で身をたてる決心」をする。 秋 弓削の至善小学校助教となる。	西南戦争おこり、その平定により士族の反抗は終る。

西暦	和暦	年齢	事項	一般事項
1878年	明治11年	19	八月　徴兵免除のため、同郡神目村片山幾太郎の養子として転籍。 一一月　津山在の植月小学校の助教（月給二円）に転任。家を離れ、独立生活に入る。	
1879年	明治12年	20	秋　植月小学校助教をやめ、日本原野の郡長安達清風の塾に入り塾生となる。	
1880年	明治13年	21	秋　岡山師範学校に入学。	
1881年	明治14年	22	八月　学問を志して岡山師範を退学し、東京に出る。 九月　銀座鍋町の活版所績文社に雇われ、初め車回し（一日一五銭）、ついで文撰工（月四円五〇銭）となる。 一一月頃　岡塾の塾生となり、引き続き印刷所で働いたが、後塾僕となり、文撰工をやめる。	自由党結党し、自由民権運動が盛んとなる。政府国会開設を公約する。 財政整理により不況となる。
1882年	明治15年	23	「熱心な勤皇家」になった。	東京の車夫、車界党を組織する。 立憲進党結成される。

	1883 年	1884 年	1885 年
	明治 16 年	明治 17 年	明治 18 年
	24	25	26
	春　芝新銭座の近藤塾の塾僕に転ずる。この塾は英語を教えており、将来測量師になるつもりであったが、間もなく岡塾に戻る。 春　矢野文雄の『経国美談』を読み、深い感銘をうける。 勉夏　友人岩崎清吉の紹介で野州藤岡の森鷗村の鷗村学舎に行き、その幹事となり、漢学を講義する。	一月　下野油田村に行き、三、四ヵ月間、農村青年に漢学を講義する。病気のため二ヵ月入院。 夏　退院し、帰京。 一一月　渡米した岩崎からの「米国は貧乏でも勉強の出来る所だ」という手紙をもらい、渡米を決意。岩崎の父、その他からの「寄金」で旅費をつくる。 一一月二六日　サンパウロ号で横浜をたち渡米。 一二月一四日　サンフランシスコに上陸、住込の家庭仕事に雇われる。爾後在米中はひき続きハウス・ウワーク、コック、学僕などによって生活費や学費を稼ぐ生活を一貫する。	一月　サンラフェール村で二、三ヵ月。 三月　サンフランシスコ下町で八ヵ月。 一〇月　ポノマで二ヵ月働く。
九州に東洋社会党組織される。	東洋社会党解散する。 マルクス死す。	中貧農を中心とする秩父騒動おこる。 群馬事件・飯田事件等自由党左派の直接行動各地におこる。	

1886 年	明治19年	27	この年、アラメダでコックとして約一ヵ月すごす。「支那人のミッションにも行き耶蘇の教会にも行き、また信徒ともなつた」(『自伝草稿』)。	AFL組織される。
1887 年	明治29年	28	一月 オークランドのホプキンス・アカデミーに入学。校長の家庭で給仕として働らく。 一二月 冬期休暇を期として退学した。	
1888 年	明治 21 年	29	一月 ローストゲストで一ヵ月コック。 二月 テネッシー州メリーヴィルに移り、約三ヵ月牧師宅で働らき、メリーヴィル大学予科に学ぶ。 秋 メリーヴィル大学(黒人と貧白人のための大学)に入学。学生寮の寮僕となる。	
1889 年	明治 22 年	30	五月 メリーヴィル大学を去る。 九月 グリンネル大学(現アイオワ大学)に古典科《クラシカル》の一八九三年卒業予定学生として入学。 一二月 イリー博士の "Social Aspects of Christianity" を読んで興味をもつ。その後、イリーその他の社会問題に関する多くの論文を読む。	帝国憲法発布。 第二インター成立。
1890 年	明治23年	31	九月 飛んで三年生となる。	国会開設され、第一回衆議院選挙行なわれる。 高野らサンフランシスコで職工義友会を組織する。

1891 年	明治 24 年	32	夏　ジョージ・エリオット全集やディッケンズの作品などを読む。 九月　グリンネル大学の最終学年、経済学の一部として社会主義を研究、「ラサールの伝を読み、始めて自分は社会主義者となつた」(『自伝草稿』)。	
1892 年	明治 25 年	33	六月　グリンネル大学を卒業、B・Aとなる。卒業式にドイツ語の成績良く賞品をうける。 九月　これより先、母が死んだので帰国をのばし、社会学の講座のあるアンドーヴァ神学校へ入学、同時にグリンネル大学大学院に籍をおく。神学校ではタッカー教授に指導をうける。	大井憲太郎ら自由党左派により、東洋自由党組織され、日本労働協会結成される。
1893 年	明治26年	34	六月頃　グリンネル大学大学院に、卒業論文「独逸一統史」を書き、M・Aとなる。	
1894 年	明治 27 年	35	六〜九月　働いて貯えて三〇〇弗で三ヵ月間学友とイギリスへ旅行。社会問題の視察をし、「非常な興味をもつて」都市改良の実情を観察した。トム・マンの演説をきいて感銘し、ケア・ハーディーの議会における活動や、ジョン・バーンズのロンドン市会における活動を見聞した。 九月　アンドーヴァ神学校からエール大学神学部に転ずる。主として社会問題を研究。	日清戦争始まる。

1895 年	明治 28 年	36	六月「欧米の都市問題」を卒業論文として、エール大学神学部を卒業し、B・Dとなる。 六〜九月 ノースフィールドに行き、ホテルで三ヵ月間帰国の旅費を稼ぐ。 九月中旬 貨物船でタコマを出帆、太平洋上を漂流、七十八日目に再びタコマに帰着。 一二月 ヴィクトリア号でタコマから帰国の途につく。	
1896 年	明治 29 年	37	一月 横浜につく。「足掛け十三年振りの帰国」 二月 十六年ぶりに帰郷。津山に老父を訪う。 三月一二日 弓削村片山常吉の養子として転籍。即日分家届出。 秋 『六合雑誌』の編集員の一人となる。『英国今日之社会』、『鉄道新論』を書く。 九月 早稲田専門学校の教師となったが、半年で首になる。 年末 熱病にかかり、三ヵ月ほど入院。	社会政策学会発足する。 労働争議各地におこり、社会の注目をひく。
1897 年	明治 30 年	38	三月 英語教師をやめてアメリカで勉強してきた社会改良事業を計画。グリーン博士(組合派宣教師)が月二五円くれることになり、神田三崎町で一戸を借り、「キリスト教社会事業の本営たらしめん」として、「大学植民事業」キングスレー館をはじめた。	高野ら職工義友会を再組織し、労働運動を開始し、四月初めて労働演説会を開き、「職工諸君に寄す」を配る。

1898年	
明治31年	
39	
四月三日　鉄工組合主催の運動会が禁止されショックをうける。 四月　日鉄機関方、日鉄矯正会を組織、片山はこれとの連携に努力する。 四月　救世軍の山室軍平らと貧民研究会をつくる。	四月三日　社会問題研究会創設に参加、評議員となる。発会式に「将来の労働問題」を講演。 六月二五日　アメリカ帰りの高野房太郎、城常太郎、沢田半之助らの職工義勇会主催の労働問題演説会に招かれ、「労働団結の必要」について演説。高野、労働組合期成会の結成をよびかける。 七月五日　日本橋花月で期成会の第一回会合。 一〇月　社会政策学会に入会。（鈴木純一郎の紹介） 一一月八日　岩崎清七の世話で、栃木県都賀郡水代村横塚七郎兵衛二女フデ（明治一〇年七月四日生）と結婚。 一二月一日　労働組合期成会参加の鉄工により鉄工組合が結成され、片山はその幹事となる。同日、労働運動の機関紙『労働世界』創刊され、片山その主筆となる。 この頃から労働運動に深入りする。
二月　日鉄機関方スト。工場法案発表されたが、議会の議決に至らなかった。	五月中村太八郎、木下尚江ら松本に普通選挙期成同盟会を組織する。

七月　高野らと共に、日鉄矯正会の大歓迎をうけつつ東北遊説。
八月　活版工同志懇話会再組織される。
一〇月　村井知至《ともよし》、安部磯雄、幸徳伝次郎ら、十数名と社会主義研究会をつくる。

1899 年
明治 32 年
40

一月一日　『労働世界』紙に社会主義欄を設ける。
一月　社会主義研究会で「ラッサール」を報告。
二月二八日　妻フデとの間にやす(安子)生まれる。
四月三日　活版工懇話会春季大会。片山名誉員におされたが、この頃から懇話会は調和論をとり片山との間に意見対立を生ずる。
四月　社会政策学会の宣言起草委員の一人となり、「我々は極端なる社会主義に反対する」という点に異議をとなえる。学会は片山の退会勧告を議す。
七月九日　活版工懇話会主催の演説会で、高野、桑田熊蔵、金井延らと共に講演。金井は片山を正面から論難する。
七月　東北、北海道へ労働組合の宣伝旅行に行く。この年は「予等組合運動の最も盛大な年」であり、毎日、鉄工組合本部に出勤する。秋以後運動後退の徴あらわれる。
一〇月　料理人組合(進徳会)をつくる。
一二月　鉄工組合の代表として東北を一巡する。

一一月　活版工組合結成される。

1900 年	明治 33 年	41	一月　社会主義研究会を社会主義協議会に改組、会長安部磯雄、幹事片山、事務所を芝ユニテリアン協会から片山のキングスレー館にうつす。 三月　普通選挙期成同盟会に入会。 三月一〇日　治安警察法公布、爾後その撤廃のために闘う。 五月一日『労働世界』に「社会改良と革命」を発表。 七〜八月　北海道旅行。 秋　国際社会党本部員の一人に選ばれる。 九月　労働運動の行き詰りにより『労働世界』維持困難となり、片山個人の所有となる。 一一月　普通選挙同盟会の幹事となり、同会の選挙法改正案起草委員となる。	五月　活版工組合消滅し、活版工誠友会が組織される。 九月　国際社会党（第二インターナショナル）第五回大会がパリで開かれる。 伊藤博文を総裁とし立憲政友会結成される。
1901 年	明治 34 年	42	一月一二日　松本市の信州普通選挙同盟会の大会に出席して演説。 四月三日　二六新報主催のもとに向島で労働者大懇親会が開かれ、期成会と鉄工組合もこれに協力、片山は数万の会衆にむかって演説。 四月二一日　矯正会の動きに刺激され社会主義協会の同志と社会主義政党の結成を相談する。 五月一五日　片山ら鉄工組合事務所で、党名、宣言、綱領などを決定。	三月　普選同盟会普選の請願を議会に提出する。 四月　日鉄矯正会の大会は「今後社会主義を標榜して労働問題を解決すべし」と決議する。

1902年

明治35年

43

五月一八日　片山、安部磯雄、幸徳伝次郎、木下尚江、河上清、西川光二郎の六名で社会民主党を組織。二〇日、届出たが結社禁止、『労働世界』など宣言・綱領をのせ告発される。

五月　西川光二郎との共著『日本之労働運動』を出版。

五月一九日　妻フデとの間に幹一出生。

七月五日　社会主義協会の活動を強化、堺利彦ら入会。

八月　『学生渡米案内』を出版。

八月　関西の労働運動と連絡のため大阪に赴く。

九月　関西労働組合期成会結成され、連携する。

一〇月初旬　健康を損い葉山に静養。

一〇月二八日　パンフレット『社会改良手段・普通選挙』を出版。

一二月二一日　『労働世界』紙第百号を出し終刊。

一月　日刊『内外新報』を発刊、約三週間続けたが廃刊。

二～三月　葉山で休養。労働者懇親会の件で上京。

三月二三日　懇親会禁止に抗議する労働問題大演説会（神田錦輝館）で演説。期成会主催で届出た第二回労働者懇親会も禁止。

四月　労働問題大演説会が契機となり「労働同盟会」成立。事務所を片山の所におく。

一二月　矯正会警察と会社の圧迫により解散。

四月三日　『労働世界』を雑誌として復刊。
八月一〇日　約三週間、西川と東北地方に労働問題遊説。

農商務省工場法案要領を発表。

1903年
明治36年
44

一月四〜二三日　西川と関西遊説。
一月三〇日　神田青年会館の鉄工組合新年宴会に出席。
三月三日　『労働世界』誌を改題、『社会主義』とする。
四月　『都市社会主義』出版。
四月五〜六日　安部、西川、木下と共に社会主義協会の代表として大阪に赴き、中之島公会堂の社会主義演説会(五日)で演説、土佐堀青年館の社会主義大会(六日)に参加。大会出席者は鳥取、愛知などから数百名。
五月一六日　妻フデ死去。「七年間一言一句も不平を言はなかつた」(片山)。
六〜八月　『社会主義』七巻十三号(六・三)十八号(八・十八)発売禁止。いずれも新聞条令違反で有罪判決。
七月　『我社会主義』を出す
七月九日〜九月五日　西川、松崎らと中国、四国、九州地方に遊説。
一〇月八日　社会主義非戦論大演説会(神田錦輝館)で演説。

春以来、日露の風雲急となり、万朝報は反戦論を主張する。
七月幸徳秋水『社会主義神髄』を出版。
一〇月　万朝報主戦論に転じ、幸徳・堺利彦退社。

1904 年	
明治 37 年	
45	
一月一七日　シャトル着、シャトルで日本人社会党結成。ポートランド、サクラメントを経て、サンフランシスコに行き、同地にも社会党支部を作る。二月一四日　テキサスのヒューストンに着く。二ヵ月間テキサスの米作視察かたがた労働。 五月一日〜五日　四月二九日テキサスをたち、シカゴのアメリカ社会党大会に出席。 五月八日〜七月末日　博覧会が開催されたので、セントルイスにて労働（氷およびアイスクリーム店監督）し、しばしば招かれて社会主義演説をする。 七月　ミルオーキーの社会党運動会で演説。 八月二日　ニューヨーク発、オランダに向う。一二月、ロッテルダムにつく。 八月一四日〜二〇日　アムステルダムで開かれた第二インターナショナル第六回大会に日本社会主義者代表として出席。大会第一日バンコール議長の開会挨拶と同時に、日露両交戦国の片山とプレハーノフは壇上で堅い握手をかわした。大会では、社会主義者が必要な場合にはブルジョア内閣に入ることを	一〇月　社会主義協会幹事の役を解任される。 一〇月二〇日〜一一月四日　健康恢復をかね、福島、函館、根室、室蘭、夕張に旅行。 一二月二九日　横浜からアメリカに向ってたつ（第二回渡米）。
二月　日露戦争勃発。 三月　『平民新聞』は『与露国社会党書』をのせる。	一一月一五日　幸徳、堺ら平民社を設立し、週刊『平民新聞』を発刊。

西暦	明治	年齢	事項	社会の動き
			正しいとする「修正」主義と、それを誤りとするもの(ドレスデン決議支持)との激しい対立があり、片山は「修正」主義反対の投票をする。 九月一二日　アメリカのセントルイスに帰着。 一〇月中旬　テキサスのヒューストンに移り、数百エーカーの農場を経営する。	一一月　『平民新聞』は一周年記念号に『共産党宣言』を訳載し発禁となる。 一一月　社会主義協会禁止される。
1905 年	明治 38 年	46	一二月　一万エーカーの農場経営を計画し、その実現のため帰国の途につく。 一二月二四日〜二六日　サンフランシスコで一〇月九日渡米した幸徳と会談。	一月　『平民新聞』廃刊し、『直言』がその後継紙となる。 九月　『直言』廃刊となる。 一〇月　平民社解散。 一一月　キリスト教社会主義の『新紀元』と堺、西川らの『光』創刊される。
1906 年	明治 39 年	47	一月一八日　横浜に帰着。 二月二八日　日本社会党成立。片山は同党評議員に選出される。 七月二〇日　パンフレット『電車値上反対意見』(片山、堺、森近運平ら分担執筆)を出版。 七月　岩崎清七らの出資で大日本興農株式会社設立され、その事業監督のため渡米(第三回)。	一月　西園寺内閣成立。 三月　幸徳アメリカで無政府主義の立場を明らかにし、六月帰国後直接行動論を展開する。
1907 年	明治 40 年	48	一月一五日　日刊『平民新聞』創刊され、片山その社外援助者となる。 二月一九日　アメリカから帰国。テキサス農場経	一月　日刊『平民新聞』創刊。 二月　足尾銅山暴動。

営は中止のやむなきに至る。
四〜五月　キングスレー館の仕事として、労働奨励会や奮学会（新聞売子や苦学生）を組織した。
五月一二日　姫路の日ノ本女学校の裁縫科教員であった原権平四女たま（明治七年五月一日生）と再婚。
六月二日　片山、西川ら「社会主義中央機関」として週刊『社会新聞』を発刊。毎週社会主義研究会を開く。
六月二五日　田添と二人名儀で「憲法の範囲内で社会主義を主張する」日本社会平民党結成を届出る。二七日禁止。
七月　長岡の社会主義研究会で講演。
八月一日〜一〇日　幸徳、堺、山川均と、片山、田添、西川ら両派合同の社会主義夏期講習会が開催されたが、却って対立激化す。
八月二二日　ケア・ハーディー（イギリス独立労働党院内首領）来日し、この日歓迎会。
八月下旬　片山、田添、西川らの社会主義同志会発足（翌月六日、幸徳、堺、山川ら金曜会をはじめる）。
九月八日　無政府主義を批判した「社会主義鄙見」（『社会新聞』一五・一六号）を発表。
九月　神経衰弱で入院。
一〇月二日〜一二日　「脳を使ふな」との医師の

二月一七日　日本社会党の第二回大会において「議会政策派」（田添）と「直接行動派」（幸徳）と正面衝突、二二日、結社禁止となる。
四月　『平民新聞』廃刊。
六月　森近運平、大阪で『大阪平民新聞』（後に『日本平民新聞』）を創刊し、「硬派」の機関となる。
六月　別子銅山暴動。

九月　幸徳、堺ら「硬派」の金曜会をつくる。

		1908 年
		明治 41 年
		49
	すすめで伊豆の温泉に静養。 一一月三日　活版工欧友会の第一回大会で演説。 〃　社会主義同志会大会を開き「万国社会党の主義綱領を以て進むものたることを宣言」。 一一月一七日　「自然の結果(幸徳、堺両君と予の立場)」(同上二五号)を発表。無政府主義者と一切の関係を断つ。	一月一日　週刊『社会新聞』新年号に「天下の労働者諸君に告白す」をのせ、労働運動への「再出発」を宣言。 同月同日　妻たまとの間に千代生まる。 一月一四日　パンフレット『消費組合』を出版。 一月四日〜二五日　鈴木楯夫と東海各地遊説。 二月　千葉県各地遊説。 二月六日　社会主義同志会で、西川派二五名は片山の除名を決議する。 三月一日　片山はこれに対し「自然の結果のみ」と書き、『社会新聞』は片山、田添（三月二〇日死去)、白鳥健らが続刊する。 三月　神経衰弱と胃弱に苦しむ。「社会主義の運動を始めて以来今日の如き難境に遭遇したことはない」（『社会新聞』)。家族の健康のため田端に引越す。
		一月　屋上演説事件 三月　西川ら『東京社会新聞』を創刊。 五月　『日本平民新聞』廃刊。 六月　赤旗事件おこり、金曜会壊滅する。

	1909 年	1910 年	1911 年
	明治 42 年	明治 43 年	明治 44 年
	50	51	52
五月九日　鈴木、藤田貞二と共に全国遊説に出発。三重、奈良、大阪、京都、石川と廻ったが、演説会を開くことができたのは三重での一回のみ。「遊説にては到底主義伝道の望なきを思ふ」。 六月より毎木曜日社会主義演説会を開く。	四月　この頃、健康引き続き思わしからず、葉山に静養する。 夏　東洋経済新報に入社。働きながら運動を続ける。	二月三日　普通選挙期成同盟の常任世話役となる。 二月六日　普通選挙期成同盟の普選大会(上野)で演説、幹事におされる。 九月三日『我社会主義』等発禁。 一一月　藤田貞二、池田平右衛門らと「労働倶楽部」をつくる。	二月一三日　幸徳事件後はじめて、堺、藤田の発起で各派社会主義者の「合同茶話会」ひらかれ、片山出席。 三月一五日　幸徳秋水の遺稿「基督抹殺論について」を社会新聞に書き、起訴される。 五月　先の新聞紙法違反で罰金百円の判決があ
七月　西園寺内閣倒れ、第二次桂内閣は社会主義運動の弾圧を強化する。 九月『東京社会新聞』廃刊。		大逆事件おこる。 一〇月　政府工場法案を発表。	一月　幸徳ら一二名刑死。 二月　普選法が衆議院を通過したが、貴族院で否決される。 三月　工場法案成立（大正五年施行）。

り、七月控訴棄却となり、ついに社会新聞を廃刊する（八月三日、八十号で）。
五月二九日　普選期成同盟会、総会で解散決議。
一二月五日　片山、藤田「政社・社会党」（「社会の革新を期し、普選の実行を計る」）を結成。二七日禁止。
一二月二一日　青山北町寄席相生亭で「政談演説会」を開き、市電労働者（主として青山車庫）に対して慰労金分配問題を論じる。
一二月三〇日　三田の寄席大黒亭で「政談演説」を開き、市電の車掌、運転手に演説。

一〇月　中国辛亥革命勃発
一二月三一日　早朝より東京市電の労働者、分配金の不満からストに入り、一月二日分配金増額回答まで継続。

1912年

明治45年＝大正元年

53

一月一五日　市電スト労働者の検挙（百数十名）が波及して、早朝検挙、家宅捜索され、即日起訴。
三月一日　この日から市ヶ谷未決監で、毎日二枚ずつ『自伝』をかきはじめた。
四月六日〜三〇日　市電スト裁判。
五月七日　巣鴨監獄に入る。
五月二一日　千葉監獄に移る。
九月二七日　明治天皇死去の大赦で、出獄。出獄後「危険な人物として取扱はれるやうになり、労働運動に手も足も出ないまでに看視された。」東洋経済新報社では『東洋時論』が廃刊されたため月給が半減され、苦しい生活に直面した。

八月　鈴木文治を中心に友愛会成立。
一〇月　大杉、荒畑『近代思想』を創刊。

年	和暦	年齢	片山潜の事項	一般事項
1913年	大正2年	54	七月六日　大杉、荒畑寒村主催のサンジカリズム研究会に出席、イギリスのサンジカリズムについて話す。	二月　第一次護憲運動おこる。
1914年	大正3年	55	一月二三日　藤田方の「茶話会」に出席、幸徳らの刑死を追悼。 六月　国際社会党大会が八月二三日ウィーンで開催されるという通知をうけ、渡航を決意。 七月末　東洋経済新報社を退社。 八月　第一次大戦の勃発に伴う社会党大会の延期と糖尿病のため、渡航をのばす。 九月　東京築地の青柳亭で堺、荒畑ら同志二十余名が片山の送別会を開催。 九月九日　佐渡丸で横浜出帆(第四回 渡米)。「日本での逆境にたえない」のが最大の理由で「病身の妻と三人の子供を残し」出発。 九月二四日　シャトル着。 九月二八日　サンフランシスコに到着、ここに止り日傭取《デーワーカー》となる。 十月　米国社会主義者に招かれ「日本労働者と社会主義者の運動」を講演。	一月　堺『へちまの花』を創刊。 八月　第一次世界大戦勃発。
1915年	大正4年	56	二月　サンフランシスコの美以教会で「帝国憲法と社会主義」と題し講演。 六月　長女安子、その従姉原信子に伴われて渡	七月　友愛会の鈴木文治ら日米友好の目的で渡米。

	1916年
	大正5年
	57
米。「日々働いて国の妻子に生活費を送り、ここでは一人の娘を　つれて幽かな生活」。 十月　社会党機関紙『ニューヨーク・コール』に「日本における新労働運動と社会主義者の地位」を寄稿、友愛会を批判する。 十月三〇日　サンフランシスコの協友会（日傭取組合）主催の「友愛会鈴木文治、吉松兼弥、両氏招待演説会」に協友会員として司会をつとめる。 この頃領事館の圧迫強まる。 十一月　サンフランシスコ日傭取組合とオークランド洗濯工組合が日本人労働同盟会を結成したが、その際領事の干渉のため片山は発起人から排除された。	五月　片山ら前年来計画してきた『平民』第一号を出す。野中誠之、千葉利右衛門ら、編集に協力、岡繁樹印刷を援助。「在留同朋多数の利益を代表する」月刊誌。 九月　『平民』第五号に「日本における社会主義運動」を書く。 十二月　ラトガースの奨めにより、安子をつれてサンフランシスコをたちロスアンジェルスで野中誠之に会い、アリゾナに義弟水尾義雄を訪ね、ニューヨークにつき、「親子してキッチン働らき」。
九月　堺ら『へちまの花』を『新社会』と改題し、運動を再開する。 九月　ツィンメルワルドで国際主義派の社会主義者合同。	一月　吉野作造のデモクラシー論発表され、この頃よりデモクラシー運動盛んとなる。 四月　スイス、キンタールで国際主義派（戦争反対）の第二回会合。

1917 年	1918 年
大正 6 年	大正 7 年
58	59
一月　プロパガンダリーグの機関紙『インターナショナリスト』誌にリープクネヒトの宣言を訳載。 一月〜二月　ニューヨークの「レフトウィング」の会合に出席。ツィンメルワルドとキンタールの両宣言を討究し、機関誌発行が問題となりその調査員となる。その会合でブハーリン、コロンタイら欧州からの亡命革命家と交わる。 三月　ロシア二月革命（三月十二日）の報至り、「痛快だ、同志らは共和国をつくる為に帰国します」と通信。ニューヨークで初めて『平民』（第七号）を出し、それに「ロシア革命の教訓」を書く。 五月　生活のため急進派《レフト・ウイング》の演説会のある度毎に『ニュー・インタナショナル』を売る。 七月　片山を含む左翼は準備中だった『クラス・ストラッグル』誌を創刊。 九月　アメリカ政府は反戦運動にたいする弾圧を開始し、片山らも機関誌郵送停止という圧迫をうける。	七月　英文『日本における労働運動』を出版。 八月　米騒動の意義を高く評価した、論文を、八月『ニューヨーク・コール』に、十二月『クラス・ストラッグル』に発表。その頃から在米日本人青年分子を次第に糾合し、定期的な研究会（一五、六人）
一月　トロツキー、ニューヨークに来る。 三月　二月革命勃発により、トロツキー、ブハーリンら帰国。 四月　アメリカ参戦。アメリカ社会党はヒルキットの非戦案を可決。 一一月七日　ロシア社会主義革命。	八月　日本の対ソ干渉始まる。米騒動全国におこる。

を組織する。片山の『平民』はその協力によって定期的に出るようになる。

1919 年
大正 8 年
60
五月 『レボリューショナリ・エージ』左翼中央機関となり、片山編輯協力者の一人となる。 七月 「モーリス・ヒルキットと左翼」を『レボリューショナリ・エージ』に発表して社会党中央派を批判。 九月 片山はアメリカ共産党の結成に参加。 一一月六日 田口と共に国際労働会議の本会議場におしかけ、日本の労働代表桝本卯平にたいする抗議のリーフレットを各国代表に配る。
二月 ニューヨークで社会党内に公然たるレフト・ウィング成る。三月、コミンテルン結成され、アメリカ社会党に呼びかける。 三月 朝鮮に万才騒擾事件おこる。 八月 友愛会は大日本労働総同盟友愛会と改称し、運動方針急進化する。 八月〜九月 アメリカ左翼二派に分裂し、一つはアメリカ共産主義労働党として結党(八月三〇日)、他はアメリカ共産党として結党(九月一日)した。後者は主として移民労働者からなっていた。 一〇月〜一一月 ワシントンで第一回国際労働会議が開かれる。

1920 年	1921 年
大正 9 年	大正 10 年
61	62
一月　二日夜、赤狩りにより全国七〇都市にわたって数千名拘引された。片山はアトランチックシティーの知人の家に潜る。滞在四ヵ月、『自伝』の続稿を書く、死後出版された『搾取なき社会への熱情』もこの時書き始めた。時々ニューヨークに出て連絡した。 四月末　ニューヨークに帰る。当時新設されたアムステルダムのコミンテルン情報局へ日本労働運動の資料を、また日本の同志へコミンテルン資料を送るなどの活動を再開。 八月　『コンミュニスト』誌にレーニンの『国家と革命』連載され、片山はこれによって「頗るロシア・ボルシェヴィキ革命の基本原理を知つた」。これを日本語に翻訳した。 十二月頃　安子ニューヨークを去る。	一月　コミンテルン第三回世界大会の日本代表として、田口運蔵を指名した。 三月　『自伝』原稿を石垣栄太郎らに渡し『改造』に寄稿、同誌六月号より連載される。 三月下旬　コミンテルンのアメリカン・エイジェンシー代表として秘書バーサ・猪俣を伴い、メキシコに移る。 八月〜九月頃　コミンテルン執行委員会の要請に
五月　東京で日本最初のメーデー挙行。 五月　メーデーが契機となり、労働組合同盟会成立。 一二月　日本社会主義同盟成立。	一月　アメリカ共産党統一。 六月　労働組合同盟解体。

よって、「極東勤労者大会」の日本代表構成員として在米グループから野中誠之、二階堂梅吉、渡辺春男、間庭末吉、鈴木茂三郎の五名を選定した。

一一月　メキシコをたち、合衆国、フランス、ドイツを経てソビエトに向う。

一二月一四日　大歓迎をうけて、ソビエトに入る。

一二月二三日　第九回ソビエト全ロシア大会で、片山は初めてレーニンと会う。

一二月　この後、モスクワのホテル・ルックスに住む。

六月〜七月　コミンテルン第三回大会、田口、吉原出席。

八月　日本に暁民共産党結成され、一一月検挙される。

1922年　大正11年　63

一月二一日〜二月二日　片山は極東民族大会の組織者の一人として活動し、「日本の政治、経済情勢、労働運動」等について報告する。

五月〜七月　シベリアにおける日本干渉軍にたいして反戦活動を展開。

七月一五日　長男幹一（慶応義塾学生）死す。

一一月五日〜一二月五日　コミンテルン第四回大会に日本代表として参加。執行委員会幹部会員《プレシテユム》に選出される。大会は日本共産党を支部として確認し、片山はまた、日本共産党綱領草案の審議に参加した。

一月　極東民族大会モスクワのコミンテルン本部で開催、レニングラードのウリツキー宮殿で閉会式。日本代表団十六名参加。

四月　日本農民組合結成。

五月　日本共産党組織される。

八月『前衛』に山川均の「無産階級運動の方向転換」現われ、組会運動に新しい傾向が生まれる。

九月　全国労働組合総連合運動決裂し、解散を命ぜられる。

1923 年	1924 年	1925 年
大正 12 年	大正 13 年	大正 14 年
64	65	66
一月〜二月　過労のため、ドイツのバーデン・バーデンの温泉で静養。 三月二九日　岩崎清七、石橋湛山の仲介で、妻たまと形式上の離婚（片山の妻であるため迫害されるので）。	六月一七日〜七月七日　コミンテルン第五回世界大会に出席、執行委員会幹部に選出される。	一月〜三月　ウラジオストックから日本海を通って上海に渡り、中国に約一ヵ月滞在。 四月　北京からモンゴールのウラン・バートルを訪う。党や政府の集会に出ていくつかの重要な報告を行なう。モンゴール各地を視察。 一二月　ロシア共産党内にトロツキー、ジノヴィエフらの反対派が生まれたが、片山はスターリンら幹部派を支持。
四月　日本共産党荒畑寒村をモスコーに派遣。 六月　共産党一斉検挙。 九月　関東大震災を契機に大杉事件、亀戸事件おこる。	一月　清浦内閣成立し、第二次護憲運動おこる。 一月二一日　レーニン死す。 二月　総同盟現実主義に方針を転換。 三月　日本共産党解党を決定。	四月　治安維持法成立。 五月　普通選挙法成立。 五月　総同盟の左派分裂し、日本労働組合評議会を組織。 五月　中国の反帝闘争激化し、邦人紡績のゼネスト暴動化（五・三〇事件）。

西暦	年号	年齢	事項	一般事項
1926 年	大正15年＝ 昭和元年	67	五月〜八月 「病気にて数ヵ月療養」、クリミヤ、コーカサスに転地し、八月モスクワに帰る。	一二月 労働農民党結成。
1927 年	昭和 2 年	68	二月一〇日〜一五日 国際反帝同盟の組織者の一人となり、ブリュッセルで開かれた該同盟の第一回会議に出席。 六月〜七月 コミンテルンの日本問題委員会の一員として、二七年テーゼの作成に参加する。 九月 この頃、ホームシックのため帰国の噂あり、ジャパン・アドヴァタイザーにたいして、帰国のデマを非難する公開状を送る。 一二月一六日 トロツキーら除名され、「片山はトロツキー反対派」を発表。	一二月 日本共産党再建大会、社会民衆党日本労農党結成。 一二月 堺、山川、荒畑ら『労農』を創刊し、再建共産党を批判。
1928 年	昭和 3 年	69	七月一七日〜九月一日 コミンテルン第六回世界大会で引き続き執行委員会員に選ばれる。片山は開会日、日本共産党代表として挨拶演説。	二月 第一回普選。 三月 共産党員の一斉検挙(三・一五事件)。評議会解散。
1929 年	昭和 4 年	70	一日 日本の解党派を攻撃し「労農」派の粉砕を強調する。 八月 ドイツのフランクフルト・アム・マインで開かれた第二回国際反帝大会に出席し日本帝国主義	四月 共産党一斉検挙(四・一六事件)。

	1930年	1931年
	昭和5年	昭和6年
	71	72
反対を叫ぶ。 十二月　モスクワで「同志セン・カタヤマ生誕七〇年祝賀会」盛大に行なわれ、老ボルシェヴィキ・クラブ員に編入される。	一月～三月　「歩いてきた途」を『オクチャブリ』誌に発表。 四月～五月　トルキシブ鉄道開通式に出席。タシケント、サマルカンド、ボハラを視察、各地で演説する。 七月　カザンのタタール共和国十年祭にコミンテルン代表として出席、演説。 一二月一二日　この年各地で「数十回演説」の他論文執筆など「非常に多忙な年であつた」ため、過労に陥り、発病。	一月一日～六月二九日　痔その他余病のためクレムリン病院に入院重態。 一月～三月　前年に引き続き「歩いてきた途」を『オクチャブリ』誌に三回連載。 二月～四月　二月、異母弟水尾義雄アメリカから見舞に来る。四月、安子イタリアからきて、千代子と共に父を看病。 四月　「大戦後における日本階級運動の批判的総観」を『中央公論』に寄せたが発売禁止。 六月　退院してクリミヤに転地療養。 九月　健康恢復してモスクワに帰る。
一〇月　ウォール街を起点に世界恐慌おこる。 一一月　ブハーリン政治局から追われる。	一月　浜口内閣金解禁実施。 七月　日本共産党中央部検挙で壊滅。 一一月　血盟団組織され、浜口首相狙撃される。	四月　政治テーゼ草案発表される。 九月　満州事変おこる。

1932 年	1933 年
昭和 7 年	昭和 8 年
73	74
三月　執行委員会西欧ビューローの「三二年テーゼ」作成に参加。 八月二七日〜九月三日　アムステルダム反戦世界大会の発起者の一人となり、大会では日本勤労者大衆を代表して出席。 八月二〇日　転向デマに対し「日本の労働者農民諸君に告ぐ」を『赤旗』に発表。 九月　パリ反戦大会で演説。 一一月十日　国際赤色救援会第八回世界大会に組織者の一人として開会演説をなし、また執行委員会の副議長に選出さる。	八月　日本共産党指導者の転向を強く非難する。 一一月五日十三時五十分　敗血症のためクレムリン病院の一室で、二人の実子と多くの同志に看とられつつ、七四年の生涯を閉じた。 一一月九日　赤い広場において葬儀執行。スターリンらによってクレムリンの壁に葬られた。
一月　上海事変おこる。 五月　青年将校首相官邸等を襲撃し、犬養首相を殺す。 七月　三二年テーゼ発表される。 七月　ナチス、ドイツ総選挙で第一党となる。 九月　日満議定書調印（満州国成立）。 九月　右翼組合の連合として日本労働組合会議結成される。 一〇月　赤色ギャング事件（川崎第百銀行襲撃）おこる。	一月　ヒットラー内閣成立。 三月　日本国際連盟を脱退。 六月　佐野、鍋山、獄中から転向を声明。以後転向者続出。

片山潜主要著作目録

○備考中、著作集とあるのは片山潜著作集（一九五九～六〇年）一～三巻を示す。
○岩波文庫、実業之日本社等とあるのは復刻出版元を示す。

著書の部

発行年	書名	発行所	備考
一八九六	鉄道新論	博文館	
一八九七	英国今日之社会	警醒社	著作集Ⅰ
一八九七	労働者之良友・喇撒伝	きんぐすれい館	
一八九七	英和商用文範	岡崎屋清水書店	
一八九八	故ウヰラルド嬢小伝	婦人矯風会	植松孝昭と共著
一九〇一	日本之労働運動	労働新聞社	西川光次郎と共著 岩波文庫
一九〇一	学生渡米案内	労働新聞社	
一九〇一	社会改良手段・普通選挙	信州普通選挙同盟	著作集Ⅱ
一九〇二	社会講演	社会主義図書部	パンフレット
一九〇三	都市社会主義	社会主義図書部	実業之日本社
一九〇三	我社会主義	社会主義図書部	青木文庫
一九〇三	渡米案内	渡米協会	「学生渡米案内の」増補版
一九〇三	続渡米案内	渡米協会	
一九〇六	渡米の秘訣	出版協会	

一九〇六	電車値上反対意見	日本社会党本部	森近運平・堺利彦と共同執筆 著作集Ⅱ
一九〇七	万国社会党	出版協会	著作集Ⅰ
一九〇八	消費組合	共同出版	著作集Ⅱ
一九一八	The Labor Movement in Japan	シカゴ	岩波文庫 著作集Ⅰ
一九二二	自　伝	改造社	岩波書店
一九二四	新国家論	ウラジオストック	レーニン「国家と革命」の翻訳
一九二六	Моя жизнь（我が一生）	モスクワ	パンフレット
一九二六	Капитал и труд в Японии（日本における資本と労働）	プロフィンテルン出版所	パンフレット
一九二七	Обращение к Японскии крестьянам и Рыбакам（日本の農漁民諸君に訴ふ）		パンフレット
一九二八	Япония（日本）	モスクワ	「資本主義諸国における革命運動」叢書
一九四八	片山潜遺稿／搾取なき社会への情熱（仮題）	国際書店	原文は無題
一九五九	自伝草稿	「前衛」臨時増刊(11月)	一九二〇年二月執筆
一九六七	わが回想(上・下)	徳間書店	

論文集の部

発行年	書　名	発行所	備　考
一九二八	我日本の労働者諸君に告ぐ	実業之世界社	パンフレット
一九三〇	片山潜通信集	解放社	
一九三〇	片山潜論文集	戦旗社	

一九三一	その後の片山潜論文集	解放社	
一九三四	世界革命の老戦士片山潜	モスクワ外国労働者出版所	
一九三五	片山潜は叫ぶ	モスクワ外国労働者出版所	国民文庫
一九四八	片山潜集／日本における階級闘争	伊藤書店	
一九四九	片山潜選集第一巻	真理社	自伝および論文
一九六〇	片山潜著作集第一～三巻	生誕百年記念会	

論文の部

○重要論文のみ収録　完全な目録については片山潜著作集第二巻「著作目録」および同三巻目録補遺を見よ。＊印は「著作目録」に脱漏のものを示す。
○発表年月日は月刊雑誌については年月、月二回刊以上のものについては年月日を示した。

発表年月日	題名	掲載誌紙
一八九六・五・一五	米国における社会学の進歩	六合雑誌　一八五号
一八九六・六・二七、七・四	＊東京市と電気鉄道問題	東京経済雑誌　八三一・八三二号
一八九六・七・一一、一八	＊貧民慈善銀行	東京経済雑誌　八三三・八三四号
一八九六・七・三一、八・七	英国基督教の実況(上)(下)	福音新報　五七・五八号
一八九六・八	社会学の綱領	六合雑誌　一八八号
一八九六・一二、九七・二、三	独乙社会共和党の創立者フェルヂナンド・ラサル(一)(二)(三)	六合雑誌　一九二・一九四・一九五号
一八九七・四・九	基督教主義	基督教新聞　七一二号
一八九七・四、五	社会学と社会改良との関係(上)(下)	社会雑誌　一巻一・二号

一八九七・五・一五、二二	日本に於ける社会学講究の必要	国民之友　三四八・三四九号
一八九七・五・二二	欧洲の首市市制と我東京市	国民之友　三四九号
一八九七・四〜六	フェルヂナンド・ラサルの社会主義(一)(二)(三)	六合雑誌　一九六・一九七・一九八号
一八九七・六・五	演劇論	国民之友　三五一号
一八九七・七	労働団結の必要	六合雑誌　一九九号
一八九七・七・一〇	同盟罷工と社会	国民之友　三五六号
一八九七・八	日本に於ける労働問題	六合雑誌　二〇〇号
一八九七・九	国家社会主義の創唱者ロドベルトス	六合雑誌　二〇一号
一八九七・九、一〇	産業組合論(上)(下)	社会雑誌　一巻五・六号
一八九七・一〇	Labour problem; old and new	Far East　二号
一八九七・一〇	独逸に於ける社会共和党の発達	六合雑誌　二〇二号
一八九七・一〇・二、九、一六	市民の生命(一)(二)(三)	東京経済雑誌　八九六・八九七・八九八号
一八九七・一二・一五	深甫理想の労働者ジョン・バルン氏	労働世界　二号（深甫は片山潜のペンネーム）
一八九八・一	欧洲国民生活の発達に於ける都府の地位	六合雑誌　二〇五号
一八九八・二・一	*社会主義	労働世界　五号（社会新聞　五七号による）
一八九八・二・一、一五	資本家に告ぐ	労働世界　五・六号
一八九八・三・一五	日本の労働運動は一種の特性を有す	労働世界　八号
一八九八・四・一	組合と同盟罷工の関係	労働世界　九号

一八九八・五・一、一五、六・一　労働者の経済　労働世界　一一・一二・一三号
一八九八・八・一五、二五　欧米諸国都市水道事業の景況を叙して東京市の水税問題に及ぶ(一)・(二)　東洋経済新報　九八・九九号
一八九八・一〇・二五　工場法と工業　東洋経済新報　一〇五号
一八九九・四・一五　桑田学士の社会改良主義を質す　労働世界　三四号
一八九九・六〜八　日本に於ける労働(一)(二)(三)　社会　一巻四・五・六号
一八九九・七・一五、二二　市政と社会主義　東京経済雑誌　九八七・九八八号
一八九九・八・一、一五、九・一　東北通信(一)(二)(三)　労働世界　四一・四二・四三号
一八九九・八・一八　改良家　基督教新聞　八三五号
一八九九・九・一　義　務　労働世界　四三号
一八九九・九・一五　今後の労働運動　六合雑誌　二二五号
一八九九・九・一五　同情を論ず　労働世界　四四号
一八九九・一〇・一五　金井延氏に答ふ　労働世界　四六号
一八九九・一〇・一五　労働運動の将来　労働世界　四六号
一八九九・一二、一九〇〇・一　欧洲に於ける社会主義の大勢(一)(二)　六合雑誌　二二八・二二九号
一九〇〇・一・一　与曾我日鉄社長書　労働世界　五二号
一九〇〇・四　社会改良者に望む　天地人　三三号

一九〇〇・五・一、一五 六・一、七・一	社会改良と革命(一)〜(四)	労働世界　六〇・六一・六二・六三号
一九〇〇・五〜七	貧富の戦争(一)(二)(三)	六合雑誌　二三三・二三四・二三五号
一九〇〇・一一	リープクネヒト	六合雑誌　二三九号
一九〇〇・一一・一	過　激	労働世界　六七号
一九〇一・一・一	二十世紀に於ける労働運動の方針	労働世界　六九号
一九〇一・三	「ダス・カピタル」と其著者マークスの地位	六合雑誌　二四三号
一九〇一・三・一五	日鉄大宮工場主に告ぐる公開状	労働世界　七四号
一九〇一・四・五	第一回労働者懇親会に就いて所感	二六新報　八六六号
一九〇一・九	The Labour Movement and Socialism in Japan.	The International Socialist Review　二巻三号
一九〇一・八、一一、〇 二・二〜四	新海国《ニュージーランド》と社会主義の実行(一)〜(七)	六合雑誌　二四八〜五一、二五四〜五六号
一九〇二・四・三〜八・一〇	労働問題の解決(一)〜(一三)	労働世界　六年一〜一三号
一九〇二・三・二〇	人口増加と労働者	日本人　一五九号
一九〇二・六・五	労働組合と我工業の前途	日本人　一六四号
一九〇二・六	資本と労働の関係	六合雑誌　二五八号
一九〇二・七	労働界の難問題	六合雑誌　二五九号
一九〇二・九・一三	労働者と軍人	労働世界　六年一五号

一九〇二・九・二三 労働者と借家問題 労働世界 六年一六号

一九〇二・一〇・一三～一一・一三 借家問題の解決(一)(二)(三)(四) 労働世界 六年一八～二一号

一九〇二・一一・二〇 工場法案に対する私見 日本人 一七五号

一九〇二・一一・二三～一二・一三 東京市と社会主義(一)(二)(三) 労働世界 六年二二～二四号

一九〇三・三・三 新政党の必要を論ず 社会主義 七年七号

一九〇三・四・一 労働運動の過去現在及将来 太陽 九巻四号

一九〇三・四・一八 大阪社会主義大会 社会主義 七年一〇号

一九〇三・八・五 北米移住論 東洋経済新報 二七六号

一九〇三・九・一八 四国九州遊説雑感 社会主義 七年二〇号

一九〇三・一〇 Socialism in Japan The International Socialist Review 四巻四号

一九〇三・一一・一八 東北通感 社会主義 七年二四号

一九〇三・一一・一八～一二・一八 北海の天地(一)(二)(三) 社会主義 七年二四～二六号

一九〇三・一一・二二 労働問題の将来 週刊平民新聞 二号

一九〇三・一二・一八 失業者問題 社会主義 七年二六号

一九〇三・一二・一八 海外渡航に当りて労働者諸君に告ぐ 社会主義 七年二六号

一九〇四・一・一八 告別の辞 社会主義 八年二号

一九〇四・二・一八～一二・三 米国だより第一～第十五信 社会主義 八年四～一四号

一九〇四・三	Attitude of Japanese Socialists toward Present War	The International Socialist Review 四巻九号
一九〇四・五・二五〜六・二五	テキサス米作と日本人(一)〜(四)	東洋経済新報 三〇五〜三〇八号
一九〇四・九	社会的革命	社会主義 八年一一号
一九〇四・一〇	万国社会党大会（在和蘭）	社会主義 八年一二号
一九〇五・一、二	米国だより第十六・十七信	渡米雑誌 九年一、二号
一九〇五・三	労働者諸君に告ぐ	渡米雑誌 九年三号
一九〇五・五・二八	片山潜氏の消息	直言 二巻一七号
一九〇六・三・二〇	労働者の前途	光 九号
一九〇六・五・二〇	労働者の地位	光 一三号
一九〇六・七・二〇	日本に社会主義を行ふこと安し	光 一七号
一九〇六・七・二一、二八・八・四	欧洲に於ける社会経済の新現象(上)(中)(下)	東京経済雑誌 一三四六・一三四七・一三四八号
一九〇六・一〇・二五	*米国テキサスより	光 二五号
一九〇七・二・一二	労働者諸君	日刊平民新聞 二二号
一九〇七・三・五	労働者諸君に告ぐ	日刊平民新聞 四〇号
一九〇七・三・一〇	労働問題の前途	日刊平民新聞 四五号
一九〇七・六・二	労働問題雑感	社会新聞 一号
一九〇七・六・九	日米問題の成行	社会新聞 二号
一九〇七・六・一六	団結と罷業の自由	社会新聞 三号

一九〇七・六・二三　労働者向上の道　社会新聞　四号
一九〇七・七・二八　越後長岡の遊説　社会新聞　九号
一九〇七・八・一一　労働組合の発達　社会新聞　一一号
一九〇七・九・八 一五　社会主義鄙見(上)(下)　社会新聞　一五・一六号
一九〇七・一一・三、二四、一二・八　露国バルチックの革命運動(上)(中)(下)　社会新聞　二三・二六・二八号
一九〇七・一一・一〇　消費組合の話　社会新聞　二四号
一九〇七・一一・一七　自然の結果—幸徳・堺両君と予の立場　社会新聞　二五号
一九〇七・一二・一　電車市営問題　社会新聞　二七号
一九〇八・一・一　天下の労働者諸君に告白す　社会新聞　三一号
一九〇八・一・一二〜二・二　東海道遊説日記(一)〜(六)　社会新聞　三二〜三五号
一九〇八・三・一　東海道遊説雑感　社会新聞　三七号
一九〇八・三・一　自然の結果のみ　社会新聞　三七号
一九〇八・三・一五　吾徒今後の方針　社会新聞　三九号（田添鉄二、白鳥健との連名）
一九〇八・三・二二　田添鉄二氏を訪ふ　社会新聞　四〇号
一九〇八・三・二九　嗚呼、田添鉄二君！　社会新聞　四一号
一九〇八・三・二九　*編輯局より　社会新聞　四一号
一九〇八・四・五　警　戒　社会新聞　四二号
一九〇八・五・二五　東海道遊説雑感　社会新聞　四四号

一九〇八・一一・一〇	日本の社会主義者は何を要求すべき乎	社会新聞　四九号
一九〇八・一一・一〇〜 一九〇九・二・一五	ガブリエル・デヴィール著・片山潜抄訳カール マルクスの資本論	社会新聞　四九〜五二号
一九〇九・二・一五	議会と労働者	社会新聞　五二号
一九〇九・二・一五	我邦基督教牧師及信徒に質す	社会新聞　五二号
一九〇九・三・一五	社会主義の本領	社会新聞　五三号
一九〇九・三・一五	*編輯だより	社会新聞　五三号
一九〇九・四・一五	平民運動の急務	社会新聞　五四号
一九〇九・四・一五	日本の産業は片跛なり(転覆の恐あり警戒せよ)	社会新聞　五四号
一九〇九・六・一五	*編輯便り	社会新聞　五六号
一九〇九・六・一五 七・一五	労働運動と社会主義(一)(二)	社会新聞　五六・五七号
一九〇九・九・一五	労働者救済に就いて	社会新聞　五九号
一九〇九・一〇・一五	我同志に告ぐ	社会新聞　六〇号
一九〇九・一〇・一五	工　場　法	社会新聞　六〇号
一九〇九・一〇・一五	労働運動と社会主義(三)	社会新聞　六〇号
一九〇九・一一・一五	社会主義の活歴史	社会新聞　六一号
一九〇九・一二・一五	労働者の為に工場法案を難ず	社会新聞　六二号
一九〇九・一二・一五	*編輯便り	社会新聞　六二号
一九一〇・一・一五	労働運動と社会主義(四)	社会新聞　六三号
一九一〇・一・一五	*編輯局より	社会新聞　六三号

一九一〇・三・一五	工場法案の撤回に就て労働者の決意を促す	社会新聞　六五号
一九一〇・三・一八	Industrie und Sozialismus in Japan	Die Neue Zeit 二八年一巻二五号
一九一〇・四・一五	工場法案と労働者	社会新聞　六六号
一九一〇・五・一五	新道徳の建設者は近世の労働者なり	社会新聞　六七号
	*編輯便り	
一九一〇・八	Government Oppression in Japan	The International Socialist Review　一一巻二号
一九一〇・一〇	思想を救ふものは思想なり	東洋時論　一巻六号
一九一〇・一〇・一五	社会の階級と其道徳	東洋経済新報　五三八号
一九一〇・一〇・一五	帝国憲法と社会主義	社会新聞　七二号
一九一〇・一〇・一五	社会と社会主義	社会新聞　七二号
一九一〇・一〇・二五	文部省美術展覧会雑感	東洋経済新報　五三九号
一九一〇・一一・五	工場法案を評す	東洋経済新報　五四〇号
一九一〇・一一・二五	下層階級の怨声	東洋経済新報　五四二号
一九一一・一	坪内博士のハムレットを読む	東洋時論　二巻一号
一九一一・二・一五	社会の階級的調和	東洋経済新報　五五〇号
一九一一・二	芝居と人生(劇場公営論)	東洋時論　二巻二号
一九一一・二・二五	家族制度と今日の経済	東洋経済新報　五五一号
一九一一・三・二五	虚偽乎屈辱乎―日米新条約に就て	東洋経済新報　五五四号
一九一一・三	The Japanese Revolutionalist	The International Socialist Review　一一巻九号

一九一一・八	何故に耶蘇教は日本に勢力なきか	東洋時論　二巻八号
一九一一・八	帝国劇場に女優芝居を観る	東洋時論　二巻八号
一九一一・一〇	耶蘇は如何にして誘惑に勝ちたるか	東洋時論　二巻一〇号
一九一一・一〇	文芸協会試演「人形の家」を観る	東洋時論　二巻一〇号
一九一一・一一・二五	東鉄車掌の沙上偶語	東洋経済新報　五七九号
一九一一・一二	白樺主催洋画展覧会を観る	東洋時論　二巻一二号
一九一一・一二・二五	文芸と労働者	東洋経済新報　五八二号
一九一二・一	文芸協会の第二回公演を評す	東洋時論　三巻一号
一九一二・一・一五	同盟罷工に対する社会の態度	東洋経済新報　五八四号
一九一二・二・二三	Die soziale Bewegung in Japan	Die Neue Zeit　三〇年一巻二一号
一九一三・一・二五	水道経営とその拡張	東洋経済新報　六二二号
一九一三・一・三〇	Das japanische Regime und der Selbstmord als soziale Erscheinung	Sozialistische Monatshafte　一巻二号
一九一三・二・二五	昨非今是孫氏の歓迎	東洋経済新報　六二五号
一九一三・二	Letter from Japanese Comrade	The International Socialist Review　一三巻八号
一九一三・四・五	近代劇協会の「ファウスト」を見る	東洋経済新報　六二九号
一九一三・四	The Democratic Uprising in Japan	The International Socialist Review　一三巻一〇号
一九一三・一〇・二四	August Bebel in Japan	Die Neue Zeit　三二年一巻四号

一九一三・一一	Chinese Refugees in Japan	The International Socialist Review 一四巻五号
一九一四・二	What it means to be a Socialist in Japan	The International Socialist Review 一四巻八号
一九一五・三・一	*片山潜君より	へちまのはな 一四号
一九一五・九	片山潜君より	新社会 二巻一号
一九一五・一〇	片山潜氏より	新社会 二巻二号
一九一五・一〇・二四	The New Labour Movement in Japan and Position of the Socialist	New York Call
一九一五・一一	日本労働代表者と桑港領事	新社会 二巻三号
一九一五・一二	米国の排日運動	新社会 二巻四号
一九一六・一	桑港だより	新社会 二巻五号
一九一六・二	桑港だより	新社会 二巻六号
一九一六・四	桑港短信	新社会 二巻八号
一九一六・八	桑港だより(一)(二)	新社会 二巻一二号
一九一六・九	無政府主義を造る日本官憲	新社会 三巻一号
一九一七・四	北米より	新社会 三巻八号
一九一七・五	北米より	新社会 三巻九号
一九一七・八	紐育より(高畠宛)	新社会 三巻一二号
一九一七・七〜九	The Labour Movement in Japan	The International Socialist Review 一八巻七、八、九号

一九一七・一〇	労働者諸君に告ぐ	新社会　四巻二号
一九一七・九・一〇	Recent Development of Capitalism in Japan	The Class Struggle　一巻三号
一九一七・一〇	Ominous Signs—Letter to "the Radical Review"	The Radical Review　一巻二号
一九一七・一二	紐育より（堺宛）	新社会　四巻三号
一九一七	Japan—International Socialist Movement	American Labour Year Book 1916
一九一八・二・一	紐育より（堺宛）	新社会　四巻五号
一九一八・一二	A Japanese Interpretation of the Recent Food Riots	The Class Struggle　二巻五号
一九一八・一二	Japan and the Siberian Intervention	The Revolutionary Age　一巻九号
一九一八	Japan—International Socialist Movement	American Labour Year Book 1917
一九一九・五	Japan and China	The Class Struggle　三巻二号
一九一九・七・二六	Morris Hillquit and the Left Wing	The Revolutionary Age　二巻四号
一九一九・一〇	Radicalism in Japan	Gale's Journal
一九二〇・二	日本労働者の抗議—国際労働会議派遣員に就て—	新社会評論
一九二〇・四	米国紐育通信国家論	解　放　一九二四年七月

一九二〇	Japan und Sowjetrussland	Kommunistische Internationale (K.I.) 九号
一九二一・三	我祖国の労働者諸君に寄す	社会主義 四号
一九二一	Revolutionäre Strömungen in Japan	K.I. 第二年一六号
一九二一	Japan und die kommende soziale Revolution	K.I. 第二年一八号
一九二二・六・七	To the Soldiers of the Japanese Army in Siberia!	International Press Correspondence (Inprecor) 二巻四五号
一九二二・七・一九	シベリアにおける日本の兵士にたいする日本の老革命家の心からなる勧告	(岩波書店版「自伝」国民文庫版「反戦平和のために」)
一九二二・八	*Die jungsten Etappen in der Entwicklung der Arbeiterbewegung	Rote Gewerkschafts-Internationale 二巻八号
一九二二	Die politische und ökonomische Lage Japans. Die Arbeiterbewegung	Die erste Kongress der Kommunistischen Organisationen des Fernen Osten
一九二二	Der Diskussion. Die Agralfrage, Die Jugendfrage, Die Negerfrage	Protokoll des IV Kongress d. K.I.
一九二三・六	Kapitalistische Offensive und proletarische Defensive in Japan	K.I. 二六号
一九二三・六	経済的に見たる露国の現状	改　造　五巻六号
一九二三・八	Der Aufschwung der Arbeiterbewegung	K.I. 二七号
一九二四・三	Der Streik der Seeleute in Kobe	Rote Gewerkschafts-Internationale 四巻二、三号
一九二四・三	レーニンの国家論に序す	進　め　二年四号

一九二四・三	*同志ニコライ・レニン	改　造　六巻三号
一九二四	Die Eta Bewegung	K.I.　二八～三〇合併号
一九二四	Die Kommunistische Internationale und der Ferne Osten	K.I.　三一・三二合併号
一九二五・一〇・二六	The Russian Revolution of 1905 and Japan	Inprecor　五巻七六号
一九二五・一二	Das allgemeine Wahlrecht in Japan	K.I.「特別号」
一九二六・四・一	Latest Development of the Trade Union Movement in Japan	Inprecor　六巻二四号
一九二六・七・八	The Workers and Peasants Party in Japan	Inprecor　六巻五一号
一九二七・一	Die revolutionäre Bewegung in China und die Lage Japans	K.I.　八巻一号
一九二七・二	Die Begründung der Shakai-Minshuto (Soziale Volkspartei)	K.I.　八巻五号
一九二七・三	Der antiimperialistische Kongress in Brüssel	Rote Gewerkschafts-Internationale　七巻三号
一九二七・七	露国共産党政府に於ける新反対派の過去と将来	実業之世界
一九二七・一二・一六	Die Trozkistiche Opposition	Inprekor　七巻一二三号
一九二八・二・二	The General Election in Japan	Inprecor　八巻六号（マルクス主義四六号〈二八・二〉）
一九二八・三	トロツキー反対派全敗す	マルクス主義　四七号
一九二八・四・一九	The Strike of the Soya Bean Wokers in Japan	Inprecor　八巻二三号
一九二八・四・二六	The Dissolution of the Revolutionary Organisation in Japan	Inprecor　八巻二四号

一九二九・一・三	The Liquidatory Tendencies in Japan	Inprecor 九巻一号 (マルクス主義五六号〈二九・四〉)
一九二九・九・四	山川猪俣等「労農派」とその雑誌「労農」を粉砕せよ	マルクス主義 五六号
一九二九・九・二九	官憲に虐殺された同志渡辺政之輔	第二無産新聞 四号
一九三〇・一～四	Пройденный путь (歩いてきた途、第一部)	Октябрь 一九三〇年一～四巻 著作集I
一九三〇・二・二六	Japan in Bahnkreis der Weltwirtschaftskrise	K.I. 一一巻八号 (中央公論一九三〇・四「インタナショナル」四巻四号)
一九三〇・二、三	世界労働者革命の立場から 日本の革命的左翼運動を進めよ	太平洋労働者 一巻一、二号
一九三〇・四	新労農党批判	解放
一九三一・一、二、三	Пройденный путь II (歩いてきた途、第二部)	Октябрь 一九三一年一～三巻 著作集I
一九三一・四	大戦後における日本革命運動の批判的総観	中央公論
一九三一・一〇・一	The Japanese Proletariart Opposed to Japanese Imperialism	Inprecor 一一巻五一号
一九三二・六・五	一九三二年六月一二日国際連帯反戦デーへの挨拶を送る	赤旗 七七号
一九三二・八・二〇	日本の労働者農民諸君に告ぐ	赤旗 九一号 (「プロレタリア文学」一九三二・九)
一九三二・九・二二	一九三二年アムステルダムにおける反戦世界大会	インタナショナル 六巻一五号
一九三二・一〇・二〇	Terror in Japan and the Japanese Red Aid	Inprecor 一二巻四八号
一九三二・一〇	ゴリキー文壇生活四十年記念への挨拶	インタナショナル 六巻一六号

一九三三・三・一〇	К оопросу о зарождении и развитии марксизма в Японии（日本におけるマルクス主義の誕生と発展の問題によせて）	К.И. 七〜八号
一九三三・七・二一	First of August and the Tasks of the C.P. of Japan	Inprecor 一三巻三一号
一九三三	Brief—Sen Katayamas an Henri Barbusse und Romain Rolland	K.I. 一四巻一七号
一九三三・一〇・一〇	世界無比の裏切者佐野・鍋山を排撃せよ	赤旗 一六一号（岡野・山本と署名）
一九三三	The Rice Riots of 1918 in Japan	Inprecor 一三巻四七号
一九三三・一一・七	Октябрьская революция и трудящиеся Японии（十月革命と日本の勤労者）	Правда
一九三四	日本における農民闘争	「現代日本」第一輯所収
一九六〇・六	*わがロシヤの労働者農民諸君へ	前衛 一六九号

参考文献

I　追　想

(a)　入ソ以前を主とするもの

石橋湛山　片山潜氏の思ひ出　東洋経済新報　昭八・一一・一八、二五
山川均　片山潜氏の想ひ出　改造　昭八・一二
岩崎清七　旧友片山潜を語る　経済往来　昭八・一二
山崎今朝弥　片山潜君の思ひ出　人物評論　昭八・一二
岩崎清七　欧米遊蹤　アトリエ社　昭八
木下尚江　神・人間・自由　中央公論社　昭九
近藤栄蔵　コミンテルンの密使　文化評論社　昭二四
石垣栄太郎　アメリカ放浪四十年　中央公論　昭二七・六、七、八、九、一一、一二
渡辺春男　片山潜と共に　和光社　昭三〇
同　日本マルクス主義運動の黎明　青木書店　昭三二
鈴木茂三郎　ある社会主義者の半生　文芸春秋社　昭三三
前田河広一郎　青春の自画像　理論社　昭三三
荒畑寒村　寒村自伝　論争社　昭三五

(b)　入ソ以降を主とするもの

田口運蔵　赤旗の靡くところ　文芸戦線社　昭四

同　赤い広場を横ぎる　大衆公論社　昭五
勝野金政　赤露脱出記　日本評論社　昭九
野坂参三　亡命十六年　時事通信社　昭二一
内藤民治　老革命家の祖国日本へのアッピール　片山潜「搾取なき社会への熱情」解題　国際出版　昭二三
風間丈吉　モスコー共産大学の思い出　三元社　昭二四
ボブ・スチュワード外　片山潜の思い出　前衛　臨時増刊　昭三四・一一

II　研究

(a)　評伝

荒川実蔵　セン・片山——世界に於ける彼が地位と体験　大衆公論社　昭五
木村毅　伝記片山潜　社会思想　昭二二・二〜九
隅谷三喜男　片山潜　講座現代倫理・第一一巻　筑摩書房　昭三四
山辺健太郎　片山潜　日本人物史大系第六巻　朝倉書店　昭三五
岸本英太郎・渡辺春男・小山弘健　片山潜　第一部（昭三四）、第二部（昭三五）　未来社
片山潜生誕百年記念会「片山潜著作集」第三巻　年譜　昭三五
ハイマン・カブリン（辻野功ほか訳）　アジア革命家片山潜　合同出版　昭四八

(b)　入ソ以前を主とする特殊研究

杉　山　　栄　郷里に於ける片山潜　明治文化研究　昭九・二
平野義太郎　労働運動の序幕　経済評論　昭一一・一
内　藤　赳　夫　労資協調論者としての片山潜　大原社会問題研究雑誌　昭一一・三
同　　労働運動黎明期における片山潜の社会主義思想　大原社会問題研究雑誌　昭一一・五
岸本英太郎　黎明期労働運動における片山潜の社会思想　片山潜「都市社会主義・我社会主義」解題　実業之日本　昭二四
森　戸　辰　男　日本におけるキリスト教と社会主義運動　潮書房　昭二五
ハイマン・カブリン　片山潜・一ボルシェヴィキの生誕　社会科学討究　昭三一・六
隅谷三喜男　アメリカにおける片山潜　労働運動史研究　昭三四・一
同　　黎明期の社会運動とキリスト教　日本文化研究第二巻　新潮社　昭三四
宮　川　寅　雄　片山潜と戸張孤雁　歴史評論　昭三四・二
渡辺春男　小山弘健　片山潜の在米時代について　労働運動史研究　昭三四・三
岸本英太郎　直接行動主義の発生と社会主義分派の形成　経済論叢　経済学部創立四〇周年記念号　昭三四
大　原　　慧ほか　片山潜生誕百周年記念特集号　労働運動史研究　昭三四・一一
片山潜生誕百年記念会「片山潜著作集」第二巻　解題　昭三五
辻　　野　　功　明治の革命家たち　有信堂　昭四五

(c) 入ソ後を主とする特殊研究

小山弘健　晩年の片山潜とその文書について　社会経済労働研究所編「片山潜集―日本における階級闘争」解題　伊藤書店　昭二三
片山潜生誕百年記念会「片山潜著作集」第三巻　解題　昭三五

あとがき

一年ほど前であった、大内兵衛先生にお目にかかった時、先生は私にこう云われた。

「君は片山潜のことを調べているそうだが、片山という人は面白い人物かね。」

私には大内先生がどういう評価をしておられるかは、ほぼ見当がついた。事実、片山潜という人物は人を引きつけるような魅力を持っていない。満足な日本語も書けなかったから、幸徳秋水や堺枯川のようにけんらん・しゃだつな文章も書けなかったし、生来抽象的思考に弱く、思想に柔軟性がなかったから、大杉栄や山川均のような思想的な明晰さも華やかさもない。その上、金銭に細かく、また人を容れる雅量がなかったから、日本ではよい指導者にもなれなかった。こう見てくれば、明治時代の若い社会主義者たちが、片山を評価しなかったのは当然であり、それがその後も片山に対する一つの有力な見解となっている。「近代日本の思想家」の一人として取りあげること自体に対して、すでに異議がさしはさまれるであろう。

だが、これとはまったく異なる評価が存在することもまた明らかである。かれはコミンテルンの指導者であり、日本のみならず、世界の革命運動の輝かしい闘士であり、その遺体はスターリンやモロトフらに担がれて、クレムリンに眠っている。それのみではない、私が面接した一老運動家は、明治期の労働運動において、片山がどんなに寝食を忘れて自分たちのために働いてくれたかを、深い感謝をもって語った。これらもまた否定すべからざる厳たる事実である。だが、この厳然たる事実には前者の評価と違った一つの特色が存する。それはかれの思想や文章が問題となっているのではなく、かれの実践的な活動が高く評価されている、という点である。

片山潜は思想家ではない。実践家であった。かれは獲得した思想を思想として発展させることには、必ずしもすぐれた才能を持っていなかったが、正しいと考えた思想を実践するには、融通のきかないほどの頑固さをもっていた。そして、この実践の中で行詰り、行詰ってもあきらめず、新しい進路を摸索し、新しい思想を取りいれていった。それゆえ、その文章や思想そのものには、無味乾燥で面白くない点が少くないし、人物そのものにも泥くさい鈍重さがあるが、かみしめてみれば、片山には片山なりの味がある。

本書はこういう視点から片山潜を考察したものである。それゆえ、片山に関する従来の研究がしているように、片山の歴史的意義を労働運動史や社会主義運動史の中に、あるいは社会思想史の中に位置づけるという方法をとらず、片山の思想自体の発展を片山の生活に即しながら全体的に追求するという途をとった。このような視点に立つと、コミンテルンの指導者としての片山は、考察の対象として余り興味がない。本書の叙述がソ連における片山に殆んどふれていないのは、資料的な制約のほかに、このような視点からくる当然の結果でもあった。

片山の活動は多面的であり、かつ長期にわたるので、これを限られたスペースに収めることは不可能である。それゆえ、本書では思想の発展を中心におき、運動の推移や片山の活動を個に追うことのできない欠は、後にかなり詳細な年譜を付して補うこととした。著作目録についても同様に云うことができる。これらは本書においては単なる附録と云うこと以上の意味を含んでおり、片山の全活動を理解するために不可欠の一部をなすものである。

なお、人名その他片山の文章の中で使われている表現はなるべくそのまま用いることにした。たとえば、フェルヂナンド・ラサールについて見れば、フェルデナント・ラザル、ラサル、ラッサル等さまざまであるが、すべてそのままにした。

本書の内容について一言すれば、一八九五年までの留学時代、日露戦争前後の休養時代および一九一四年以降の亡命時代の、三期のアメリカでの（一部ヨーロッパでの）生活に相当のスペースをさいた。それは一つには従来資料などの制約から余り明らかにされていない、という事情もあるが、もう一つには片山の思想の形成、推転にそれぞれ大きな要因となっていると考えられるからである。なお、明治三〇年代の労働運動については労働運動史料委員会の『労働世界』の復刻を利用したし、在米時代の資料については、主としてハーバード大学およびキャリフォルニア大学の図書館の所蔵本を利用した。便宜を与えて下さった方々にここで御礼を申しあげたいと思う。

片山潜は日本の社会思想史上興味ある人物だ、と私は考えている。本書によってその点が的確に表現されたか否かは、読者の批判に俟つほかないが、私の片山潜研究もこれで打ち切りにしたいと思っている。

本書の出版については東京大学出版会の中平君に負う所大である。もともと片山潜の評伝など書く意志もなかったのが、本書の誕生となったのは、中平君を始めとする東大出版会の押しの一手によるものである。

一九六〇年一一月一七日

著　者

著者略歴

1916年　東京に生れる
1941年　東京大学経済学卒業
　　　　東京大学名誉教授，日本学士院会員
2003年　没

近代日本の思想家 3
片山　潜

1960年 12月 15日　初　　版　第1刷
1977年 6月 10日　UP選書版　第1刷
2007年 9月 21日　新 装 版　第1刷

［検印廃止］

著　者　隅《すみ》谷《や》三《み》喜《き》男《お》

発行所　財団法人　東京大学出版会
　　　　代 表 者　岡本和夫

〒113-8654
東京都文京区本郷7-3-1 東大構内
電話 03-3811-8814　Fax 03-3812-6958
振替 00160-6-59964

装　幀　間村俊一
印刷所　株式会社平河工業社
製本所　牧製本印刷株式会社

ISBN978-4-13-014153-6　Printed in Japan

近代日本の思想家　全11巻

四六判　1～10　定価各二九四〇円

1　福沢諭吉　遠山茂樹
2　中江兆民　土方和雄
3　片山潜　隅谷三喜男
4　森鷗外　生松敬三
5　夏目漱石　瀬沼茂樹
6　北村透谷　色川大吉
7　西田幾多郎　竹内良知
8　河上肇　古田光
9　三木清　宮川透
10　戸坂潤　平林康之
11　吉野作造　松本三之介（二〇〇八年初春刊）